Sebbene durante tutto il 1995 il costo della carta abbia subito continui rialzi, siamo riusciti finora a mantenere inalterato il prezzo di copertina dei nostri volumi. Tuttavia, al momento attuale, dopo i nuovi ulteriori aumenti, il costo risulta raddoppiato rispetto al primo semestre del '94. Ci vediamo dunque nostro malgrado costretti a ritoccare il prezzo di copertina dei volumi di questa collana.
Ce ne scusiamo con i lettori, augurandoci che mantengano inalterata la stima che hanno sempre dimostrato verso il nostro lavoro, continuando ad accordarci la loro fiducia.

L'editore

In copertina: Miniatura spagnola del XV secolo (particolare)
Design: Alessandro Conti

Prima edizione: settembre 1995
Tascabili Economici Newton
Divisione della Newton Compton editori s.r.l.

Roma, Casella postale 6214

ISBN 88-8183-182-1

Stampato su carta Libra Classic della Cartiera di Kajaani
distribuita dalla Fennocarta s.r.l., Milano
Copertina stampata su cartoncino Fine Art Board della Cartiera di Aanekoski

Ludovico Gatto

L'Italia nel Medioevo

Gli italiani e le loro città

Tascabili Economici Newton

Tascabili Economici Newton, sezione dei Paperbacks
Pubblicazione settimanale, 9 settembre 1995
Direttore responsabile: G.A. Cibotto
Registrazione del Tribunale di Roma n. 16024 del 27 agosto 1975
Fotocomposizione: Sinnos Coop. Sociale a r.l., Roma
Stampato per conto della Newton Compton editori s.r.l., Roma
presso la Rotolito Lombarda S.p.A., Pioltello (MI)
Distribuzione nazionale per le edicole: A. Pieroni s.r.l.
Viale Vittorio Veneto 28 - 20124 Milano - telefono 02-29000221
telex 332379 PIERON I - telefax 02-6597865
Consulenza diffusionale: Eagle Press s.r.l., Roma

Indice

1. *Le ragioni di un titolo*

Quando Gioacchino Volpe, con l'acume e il senso storico che gli furono riconosciuti, denominò il suo celebre libro *Medioevo italiano*, risolse subito un problema: ovvero scelse un titolo che lo esentò dall'obbligo di offrire, fin dall'inizio, chiarimenti complessi e necessari sul significato preciso da attribuire al termine impegnativo di *Italia* nell'età di mezzo. Anche Ernesto Sestan nello scrivere *Italia medievale*, con l'eleganza che gli fu consueta rinvenne un titolo adatto a consentirgli il rinvio a spiegazioni che poi dette in altri contributi. Più schiettamente invece rivelò il suo pensiero Giuliano Procacci che chiamò la sua ricerca *Storia degli italiani* e fin dall'*Introduzione*, citando Cesare Pavese, chiarì il suo intendimento di osservare sviluppo e comportamento degli italiani ai quali, più che all'Italia ancora non esistente, andava il suo interesse.

A mia volta, *si parva licet componere magnis*, mi trovo anch'io di fronte a un problema non facile: se è vero infatti che nel Medioevo non c'è l'Italia e che l'idea di uno Stato unitario non sfiora la nostra penisola, è tuttavia innegabile che nello sviluppo delle numerose città entrate in rapporto e in lotta fra loro, tese a espandere la loro potenza anche lontano e su zone, dopo il Medioevo, destinate ad uscire dalla storia italiana, si può registrare dal basso e quasi allo stato magmatico il desiderio graduale di conquistare un'unità legislativa, culturale e linguistica come Dante ad esempio la intese. E allora, nel possesso di una religione appartenuta alla stragrande maggioranza, nell'altrettanto complessiva articolazione di istituzioni politiche, giuridiche e amministrative, deve pur scorgersi un movimento anche se lento e sotterraneo che in tempi lunghi cospirò alla fondazione di una futura nazione che, sebbene non delineata, appariva quasi disponibile a mettere radici. Per questo dunque, pur dopo esitazioni e dubbi, chiamo la mia ricerca *L'Italia nel Medioevo*, e inoltre, a scopo chiarificatore, aggiungo il sottotitolo *Gli italiani e le loro città* nell'intento di evidenziare come, ben prima di diventare nazione, gli italiani già si riunissero, quantunque in schemi molteplici e non unitari in città o anche in piccoli assembramenti di case. Per Roma e Venezia, Firenze o Milano, parlare di Italia nel XIII-XIV secolo sarebbe stato però impossibile e Cola di Rienzo che nelle sue vibranti epistole vi provò, dovette registrare un completo fallimento, mentre nessuno dei centri invitati a partecipare alla sua azione politica in nome dell'Italia lo prese sul serio. E tuttavia se Cola di Rienzo nel 1347 fece quella proposta politica e se Dante, agli inizi dello stesso secolo, individuò con sicurezza le basi di una *coinè* italiana, dobbiamo dedurre che entrambi dovettero averne un'idea e, pertanto, ignorarla sarebbe storicamente errato al pari di una sopravvalutazione della medesima. Nello stesso momento poi in cui ho cercato di verificare come si sprigionasse l'energia vitale di tanti centri abitati, l'un l'altro contrapposti, diversi eppure simili, ho tentato di dare la sensazione di un mondo che lentamente andava componendosi. Proprio per questo, allora, accanto all'Italia mi riferirò quasi sempre anche agli italiani.

Per effettuare una tale ricerca mi è sembrato opportuno stabilire quale centro di interesse costituissero le città e i diversi motivi che, pur ponendole l'una contro l'altra, cominciarono anche ad unirle in Signorie e Principati o nel Regno meridionale. Così privilegiando le realtà locali, ho ritenuto giusto, compiendo una forzatura di cui sono consapevole, assumere in questo studio quale ulteriore unità di misura anche le tradizionali, odierne regioni in cui cittadini e città convissero e che costituirono, sia pure non sempre nei confini oggi esistenti, una ipotesi da cui mi è stato possibile partire per rappresentare una vicenda complessa e molteplice.

La descrizione delle tante energie locali esplicatesi nei suddetti territori è stata inoltre intervallata da capitoli di raccordo, in cui ho tenuto presenti gli aspetti peculiari di una narrazione che, in verità, potrebbe definirsi – così Carlo Cattaneo disse parlando dei Comuni italiani – una storia intrisa di *libertates* e di autonomie: ossia una pianta dalle molte radici. Perciò propongo un titolo che nell'insieme sottintende un tentativo di approccio diverso per la ricostruzione di eventi visti nel loro «farsi» e non raccontati secondo moduli consueti, di avvenimenti che, snodandosi dalla dissoluzione dell'Impero d'Occidente, giungono fino alla scoperta dell'America. Spero così di essere riuscito a dare un'idea degli italiani nell'Italia del Medioevo, età in cui assistiamo a giganteschi processi di rinnovamento, a una vera rivoluzione di linguaggi, di leggi e istituzioni, di schemi politici, di cultura e di vita spirituale, solo al termine dei quali, fra il XVI e il XIX secolo, si generò una situazione nuova, quindi un nuovo soggetto politico. In tal modo nasce la mia ricostruzione di vicende che, pur diversamente atteggiata rispetto a più consueti «profili» – ma il mio *Medioevo*, uscito in questa stessa collana, potrà servire d'aiuto e la presente interpretazione scaturisce pur dall'intento di non fare un *bis* del precedente lavoro – tende allo stesso fine: osservare in qual misura si sviluppi l'età di mezzo per gli abitanti della penisola e delle propaggini che le furono connesse.

2. *Piemonte*

Come in tutta la penisola, il Medioevo si inaugurò qui con la dominazione di Odoacre in un territorio in cui egli non suscitò divisioni e non cercò innovazioni rispetto al precedente ordinamento lasciato integro; sola trasformazione fu quella del sistema tributario, in cui si sostituì con la cessione del terzo delle terre agli invasori il tributo consueto del terzo dei redditi.

La venuta di Teodorico, nel 488, produsse gravi conseguenze, in quanto i borgognoni, sotto la guida di re Gondebaldo (492), soccorsero Odoacre compiendo devastazioni e prendendo numerosi prigionieri fra i quali Vittore, vescovo di Torino, poi riscattato da Teodorico (497). Anche quest'ultimo conservò l'ordinamento provinciale e municipale romano, sorretto dalle antiche magistrature accompagnate da talune nuove, necessarie ai vincitori. Tutto ciò non consentì che si effettuasse la fusione fra l'elemento romano e il barbarico. Nella valle di Susa ci si avviò alla guerra fra bizantini e goti. Nel 553 morì Teia, l'ultimo re ostrogoto, e i bizantini si affermarono con la *Prammatica sanzione* di Giustiniano il quale rispettò gli ordinamenti urbani esistenti. Con il 568 giunsero poi i longobardi che conquistarono la penisola, dando luogo a un frazionamento politico non più risoltosi. Così non tutto il Piemonte finì sotto il loro dominio ed essi arrivarono fino ai piedi delle Alpi e in val di Susa; in val d'Aosta si stanziarono invece i franchi divenuti padroni degli antichi valichi alpini, delle suddette valli e di quella di Lanzo. Ogni altro territorio infine fu raggiunto dai longobardi che divisero il Piemonte in ducati, fra i quali noti quelli di Asti, Torino e Ivrea, oltre a quelli del Novarese. Rotari allargò quindi le conquiste al Piemonte meridionale e alla Liguria. Conseguente alla conversione di Agilulfo fu la fondazione di nuovi monasteri, centri di vita intellettuale ed economica che la critica storica individuò come derivati dalla decisa contrapposizione all'influenza nemica, soprattutto verso le frontiere. Così nacquero i monasteri di Villar, S. Costanzo presso Dronero, di S. Pietro in Savignano, di S. Dalmazzo nel Cuneese e della Novalesa. La dominazione suddetta terminò con Carlo Magno nel 773. Carlo divise l'esercito in due tronconi di cui il primo entrò in Italia attraverso il Gran S. Bernardo. L'altro passò attraverso il Cenisio, lungo la Dora Riparia serrata dalle chiuse. Qui il re franco aggirò le posizioni nemiche e, vincendo, assunse, oltre a quello di re dei franchi, anche il titolo di re dei longobardi senza introdurre sensibili modificazioni nell'ordinamento amministrativo. Perciò in apparenza il regno longobardo continuò inalterato, mentre più sensibile autonomia fu concessa ai comitati, alcuni dei quali corrisposero ai precedenti ducati come quelli di Torino e di Asti. Al ducato di Ivrea fecero riscontro invece più comitati fra cui Ivrea stessa e Vercelli. Alla fine del IX secolo il Piemonte fu devastato dagli ungheri, che nell'899 fecero strage del clero di Vercelli, poi dai saraceni che, da Frassineto colpirono la regione, lasciando una scia di lutti e di odio. Nel secolo X la storia piemontese si fondò sulle vicende delle Marche occidentali italiane, cioè sui raggruppamenti di più contee detenute da potenti marchesi. La Marca di Ivrea, successiva alla deposizione di Carlo il Grosso, comprese gran parte dell'attuale Piemonte, sdoppiandosi nelle Marche di Torino, del Monferrato e di Ivrea. Marchese di quest'ultima, alla fine del secolo X, fu Arduino; quella di Torino fu retta dalla famiglia degli Arduinici, distinta da quella di Ivrea. La Liguria occidentale fu degli Aleramici. Alla morte di Arduino capeggiò il Piemonte Olderico Manfredi, detentore di Torino e Ivrea. Il potere passò poi a sua figlia Adelaide e al marito di questa, Oddone di Savoia, figlio di Umberto dalle *Bianche Mani*, i cui eredi si inserirono nel XII secolo in Saluzzo, Busca, Ceva e Cortemilia. Asti, Chieri, Torino, Savigliano, Cuneo e Mondovì divennero centri vitali e influenti su cui la casa di Savoia acquistò potere, in particolare sul marchesato di Saluzzo. Dopo la metà del '200 fece ingresso in Piemonte Carlo d'Angiò. Ebbero poi luogo contrastate Signorie dei Sabaudi, dei Monferrato e dei Visconti. Nel XV secolo il Piemonte si unificò con Amedeo VIII di Savoia che acquistò oltre ai territori a occidente delle Alpi, la parte transalpina fino alla pianura Padana.

ALESSANDRIA. La sua fondazione si fa risalire al 1168 ad opera della Lega lombarda, di Alessandro III e del marchese di Monferrato il quale, dopo la distruzione di Tortona e di Milano, si assicurò il punto di incontro del Tanaro con la Bormida, passaggio obbligato dal Nord al Sud del Piemonte e di tutta la Padania. Alla città sorta dai primi quartieri edificati in brevissimo spazio di tempo, fu assegnato il nome di Alessandria in onore del papa messosi a capo della Lega il quale, col prestigio del nome legalizzò un corpo politico, cui mancò il riconoscimento dell'Impero. Nel 1174-1175 Alessandria sostenne vigorosamente l'assedio di un semestre impostole da Federico I. Dopo di che la città conobbe periodi di abbandono e di oblio fino a quando, passata alla fine del '300 poi nel '400 sotto Visconti e Sforza, fu protagonista della vittoria di Jacopo dal Verme contro i francesi del d'Armagnac nel 1391.

AOSTA. Il destino della romana Augusta Pretoria fu determinato dalla sua posizione decentrata dagli interessi diretti della penisola e collegata a quelli francesi. Ostrogota, longobarda e bizantina, fu in mani burgunde e passò sotto i franchi (774), poi sotto la Borgogna Transgiurana (904); ma il suo avvenire fu segnato quando, sottoposta agli assalti saraceni, venne data a Umberto Biancamano, capostipite dei Savoia (1025). Da allora la contea Aostana restò a quella famiglia: si distinsero Amedeo IV (1251), Amedeo V (1296), Aimone V (1337). Amedeo VIII (1468) che la salvò dai francesi, la ebbe fra le primissime terre italiane – intitolandole un ramo secondario della famiglia – e la considerò autonoma e separata dal Piemonte.

ASTI. A partire dal X secolo, di fronte all'affievolirsi dell'autorità comitale, conobbe quella del vescovo che accanto al potere religioso esercitò la potestà civile. Importante fu la concessione di Ottone I che nel 961 riconfermò al vescovo Brunengo la giurisdizione della città e dei territori circostanti. Nella discesa del 1154 il Barbarossa la saccheggiò e la sottomise. Nel 1159 quel Comune podestarile fu riconosciuto dall'imperatore. Nel 1168 passò alla Lega lombarda, per poi tornare al fianco di Federico in occasione della sua quinta discesa. Nella tregua di Venezia del 1177 e nella pace di Costanza fu infatti dalla parte dell'Impero. La fine del '200 segnò per Asti l'inizio delle lotte intestine fra i Solaro e i Castello. Nel 1303 i Solaro vennero cacciati e nel 1304 stesso destino toccò ai Castello cui successero i Savoia, i Monferrato e i Visconti. Dal 1494 la città divenne centro dei francesi contro Milano.

IVREA. Antica colonia romana – Eporedia – divenne ducato longobardo, contea franca, centro della Marca d'Italia, poi da Guido di Spoleto fu concessa ad Anscario, al figlio Amedeo (896-900) e ai suoi discendenti fra i quali il marchese Arduino che, per assicurarsi le sue prerogative, lottò contro i vescovi Wormando e Leone di Vercelli (998), entrambi decisi a dominare quella città e a scomunicare Arduino. Questi fu poi proclamato re d'Italia (1000) e si batté contro Ottone III che concesse l'*immunitas* al suddetto Wormando; quindi combatté contro Enrico II (1002-1014) sino a che, stanco di lottare, non si ritirò nel monastero di Fruttuaria ove morì (1015). Fra l'XI e il XIII secolo quel centro del Canavese fu potente Comune poi Signoria con Guido di Biandrate (1237-1238). Ivrea ebbe in seguito Signoria Monferrina e Angioina, divenendo infine feudo dei Savoia con il conte Verde (1356).

TORINO. Durante l'età barbarica e dell'organizzazione feudale Torino potenziò la sua diocesi e divenne sede di un importante ducato. Venuta meno l'unità imperiale carolingia con la formazione del Regno d'Italia, la posizione strategica torinese rese ambìto il possesso della città. Poiché le contee torinesi e astigiane appartenevano ai conti Supponidi fedeli a Berengario del Friuli, re Guido di Spoleto, dopo la sua vittoria, le passò ad Anscario e al figlio, marchese Adalberto, il quale sposò Gisela, figlia dello stesso Berengario. Nel 940 re Ugo di Provenza collocò in Torino un nuovo conte a lui devoto, Arduino il Glabro, titolare di una Marca dominante per oltre centocinquant'anni. Il successivo periodo marchionale, in specie con Olderico Manfredi, rese la città prospera e l'accrebbe di chiese, torri e palazzi ricostruiti dopo le devastazioni ungarico-saracene. Nel 1097 fallì il tentativo della conquista torinese del marchese Umberto II di Savoia. L'età comunale e le magistrature consolari, dal 1111-1116 in poi, rafforzarono quel centro urbano che, per sottolineare la sua vocazione autonomistica, si avvalse dell'Impero. Barbarossa infatti (1154-1155) appoggiò la resistenza dei vescovi torinesi avverso i Savoia. Dopo il 1190 anche Enrico VI aiutò Torino contro i conti Sabaudi ma portò al potere un suo podestà, Tommaso di Annone. In seguito quel centro parteggiò per Ottone IV di Brunswick cui rimase fedele contro Innocenzo III e Federico II. Tuttavia, quando quest'ultimo divenne imperatore, trovò in quel prospero Comune un punto di forza. Nel 1280 Tommaso III di Savoia costrinse il marchese di Monferrato a cedergli Torino il cui Comune, dopo un secolo e mezzo, fu condannato all'estinzione. Da allora in poi i Savoia cominciarono a penetrare nei gangli della città, fino a quando Amedeo VI non ne fece il centro del Piemonte sabaudo. In quel momento (1360) i Torinesi giurarono fedeltà al conte Verde, ponendo così le basi dell'unificazione definitiva dello stato sabaudo, avvenuta nel 1418. L'importanza politica della città rifulse nel 1381 quando Amedeo VI vi convocò i rappresentanti di Venezia e di Genova concludendo la famosa pace dell'8 agosto 1381, in seguito alla quale i Savoia si inserirono tra le grandi potenze italiane. Nel 1404 il principe Ludovico fondò l'Università di Torino con una bolla del papa avignonese Benedetto XIII e con un successivo decreto dell'imperatore Sigismondo (1412). Con Amedeo VIII (1418) Torino fu centro politico della famiglia sabauda e residenza del principe di Piemonte che di lì estese le sue relazioni con i potentati italiani, tramutando il ducato da potenza tendenzialmente francese in un centro di potere politico italiano.

3. *Uno sguardo alla situazione demografica*

Assai complesse, riguardo all'età antica e al Medioevo, si rivelano le ricerche volte a calcolare il numero degli abitanti della penisola italiana. Infatti, prima della fine del XIII secolo, manca ogni sistema di censimento e anche dal '300 in poi si naviga nel mare delle ipotesi, mentre i dati più sicuri risalgono solo al XVIII-XIX secolo. Il Bloch per esempio dai suoi calcoli parziali ritenne che all'epoca della I guerra annibalica l'Italia peninsulare contasse circa 5 milioni di abitanti (per la stima si basò sul computo dei maschi atti alle armi). Altre valutazioni non troppo lontane dal vero fecero ritenere che in età augustea gli italiani raggiungessero i 7 milioni. Per il Medioevo i conteggi sono più difficili, quindi dovremo procedere per *fleches*. Non molto tempo fa si pensò che fra il IV e il VI secolo si verificassero sensibili diminuzioni di popolazione. E certo le invasioni barbariche e le conseguenti distruzioni di città contrassero il numero degli italiani. Studi più recenti tuttavia – quelli del Wickham fra gli altri – hanno contribuito ad avvalorare l'ipotesi secondo cui molti di coloro che lasciarono i grossi centri – Roma o Napoli ad esempio – si rifugiarono nelle campagne, tornando a popolare i prima abbandonati latifondi. Perciò il decremento di presenze, che certo vi fu, non dovette rivelarsi ingente in quanto più che sparizioni di genti, si verificarono spostamenti e trasmigrazioni. Le città italiane poi non furono come altre occidentali «quasi cadaveri». Nei secoli del I millennio, Roma, Milano, Pavia, Verona, Ravenna, Napoli, Messina, Siracusa, Lucca, si mantennero popolose e in parte vitali. Potremmo quindi convenire che pur in età barbarica la penisola e le isole non scesero mai sotto i 5 milioni, mentre una graduale crescita riprese dopo il Mille, per intensificarsi dall'inizio del XII secolo fino a mezzo il '300. Solo allora infatti si dovrebbe accreditare la tesi secondo cui intorno al 1348 – l'anno della peste nera – gli italiani fossero circa 10 milioni.

La suddetta peste ripetutasi a partire dalla metà del '300 con cadenze decennali, collocate a scacchiere, quasi in ogni zona della penisola, ridusse sensibilmente tale cifra sino a fine secolo. Firenze, che ai tempi di Dante superava i 100 mila abitanti, dopo il 1348 raccolse poco più di un quarto di fiorentini che superarono un'altra volta i 100 mila solo dopo il 1864. Nella seconda metà del '300 anche Venezia dimezzò i suoi oltre 100 mila abitanti. La ripresa del '400 fu senza dubbio vistosa in quanto in quell'epoca le più importanti Signorie cominciarono a registrare un'aumentata numerazione dei *fuochi*. Tale forma di censimento per famiglie fu approssimativa ma costituì la base per computi almeno ipotetici. Con il '400 infine i calcoli si fecero meno vaghi. Riassumendo, dall'XI alla metà del XIV secolo, si registrarono aumenti progressivi e corposi, sia relativi alla crescita della natalità, sia alla diminuzione della mortalità infantile. Dopo la crisi dovuta alla peste e con l'incremento quattrocentesco, alla fine del Medioevo, gli italiani dovettero risalire a circa 10 milioni. Un costante fenomeno italiano fu pertanto che, nonostante le traversie medievali, le città non furono quasi mai spopolate. Roma forse, venne soprastimata per l'età classica e sottostimata per la medievale e costituisce in tal senso un enigma storico. Infatti chi, fra il I e il III secolo d.C. la volle oltre il milione di abitanti esagerò, mentre sembrerebbe più giusto non porla al di sopra degli 800 mila. Tale cifra infatti consente più agevolmente di ipotizzare, tra fine V e inizio VI secolo, un numero di romani da 100 a 150 mila, al di sotto di cui sarebbe difficile scendere. E anche per accreditare tal prudente cifra, dovremmo scontare una falcidia di cittadini mentre l'Urbe che conobbe saccheggi ed epidemie non ebbe radicali, complete distruzioni. Infatti, se i 100 mila fiorentini scesero a un quarto dopo la peste che giustifica tal decremento, ci domandiamo cosa di altrettanto catastrofico capitò a Roma per farla capitombolare in 150 anni pressoché al dieci per cento delle precedenti presenze! Interessante è il «ritratto» composto da Bonvesin de la Riva che a fine '200 nel *De magnalibus urbis Mediolani* calcolò nella metropoli milanese, bella e laboriosa (pari caratteristica a metà del 1100 fu registrata da Ottone di Frisinga) 11.500 case, 200 chiese, 150 «ville con castelli nel contado», 10 ospedali, 300 forni, più di 1000 botteghe, un alto numero di artigiani e mercanti e 200 mila abitanti! A Bologna per esempio 17 mila persone vivevano entro le mura in proporzione di 7 *cives* su 10 campagnoli. A Padova il rapporto fu di 2 a 5, a Perugia di 5 a 8, a Pistoia di 1 a 3. In altri luoghi invece il rapporto si capovolse: a S. Gimignano era di 3 cittadini contro 2 contadini e a Prato di 13 a 10. Fortissima fu la crisi di metà '300 a Pistoia e contro i 36 mila pistoiesi della città e del contado nel 1310, si scese a 19 mila del 1390. I 2816 *fuochi* di Orvieto del 1292 si contrassero a 1381 nel 1402. Ai tempi di doge Tomaso Mocenigo (1421), Venezia avrebbe avuto, pur con qualche esagerazione, 195 mila abitanti concentrati nella laguna: un record di fronte alle mortificanti cifre cui la perla dell'Adriatico è scesa negli ultimi decenni.

4. *Liguria*

Dopo i saccheggi di eruli e goti, la Liguria restò bizantina, sinché i longobardi ne occuparono la parte marittima prima di una più interna penetrazione nel 641. Si ritenne in genere che la terra ligure si costituì in ducato, anche se i nomi dei duchi non ci sono giunti. Secondo un'opinione non sempre accettata è però con i franchi che tale regione formò un ducato del litorale diviso in comitati; tuttavia di tale oscura età rimane impressa l'incursione di pirati saraceni e normanni da Luni a Frassineto, ricacciati talvolta da associazioni di privati armatori, forse già rudimentali *Compagne*. Nel secolo X poi ebbe luogo una divisione in tre Marche, l'Arduinica, l'Aleramica e l'Obertenga e le tre famiglie marchionali dettero luogo alle più cospicue casate liguri. I maggiori centri della riviera: Savona, Noli, Albenga, Ventimiglia, Nizza, oltre a partecipare alle spedizioni contro i saraceni intervennero nelle crociate, ottenendo non indifferenti concessioni, spesso trattate da Genova che si ritenne protettrice dei porti di quel litorale. Nel secolo XII si costituì il Comune genovese e la storia della Liguria da allora in poi si riassume nei rapporti con la città dominante e nell'intento di mantenersi da essa autonoma. Situati sugli Appennini e lungo le strade di Lombardia e dell'Emilia, i marchesi di Parodi e di Gavi finirono per far parte del più grande Comune; egual sorte toccherà agli Spinola e ai Fieschi. La politica genovese di espansione ebbe aspetti economici, politici e religiosi. Il vescovo di Genova e il Comune agirono d'accordo estendendo l'autorità su varie chiese e togliendo le terre ai feudatari. I signori di Vezzano cedettero le terre per costruirvi il *castrum* di porto Venere, sentinella avanzata contro Pisa. Così le terre di Luni si aggregarono a Genova. Dopo sarà la volta di Lerici, di Sarzana, di Pietrasanta, per cui il capoluogo entrò in conflitto con Firenze e Lucca. Più difficile si rivelò invece la sottomissione della riviera di ponente, pronta a difendersi e decisa alla resistenza antigenovese. Albenga, ad esempio, per non cadere nelle mani della «Superba» strinse rapporti con Savona, Ventimiglia e i Del Carretto, si fece proteggere dal Barbarossa e da Federico II e passò ai Visconti (1421). Poi per uscire dalla influenza viscontea si avvalse dell'apporto del Piccinino. I conti di Ventimiglia ebbero il possesso di San Remo, passata dai Doria ai genovesi, a cui si unì conservando un'autonomia durata quattro secoli. Oltre all'esempio dei Doria, significativa fu la Lega dei Comuni e dei feudatari della riviera, capeggiata dai Del Carretto quindi dalla famiglia Grimaldi. Nizza contrastata tra longobardi e franchi e minacciata dai saraceni fu a lungo contesa da Genova e da Pisa sino a che, sottrattasi all'influenza dei Doria, conobbe il sopravvento dei Grimaldi. Dopo il periodo di preminenza angioina nel 1338 la terra nizzarda costituì lo sbocco al mare dei Savoia con Amedeo VII che la legò alla sua famiglia fino al 1860. Nemica di Noli fu Savona appoggiata da Genova, mentre autonomi restarono Porto Maurizio e le terre di Finale, Loano e Oneglia. Di Savona diremo che sempre oppostasi a Genova, nel 1127, chiese aiuto a Ruggero II di Sicilia. Ma la «Superba» non tardò a imporle la sua protezione nel 1153. Federico II poi ne fece un centro antigenovese. La Convenzione di Varazze segnò tuttavia la fine dell'indipendenza savonese.

GENOVA. Contesa da diversi dominanti, nel IX secolo entrò in un sistema difensivo antiarabo di cui divenne l'anima. Dissoltosi l'Impero carolingio emerse la Marca Obertenga di cui la città fece parte, muovendosi per rinvenire autonomia ed energia capaci di proiettarla sui mari. Nel 1056 si sottrasse al dominio marchionale e creò la *Compagna*, un'istituzione semiprivata di proprietari e lavoratori che misero capitali i primi e lavoro i secondi per organizzare nei mari le spedizioni iniziali, su cui si fondò la ricchezza di quella città, poi del Comune con il quale la suddetta privata istituzione si trasformò in un ente pubblico. Con l'amministrazione comunale e la partecipazione alle Crociate (XI-XII secolo) Genova costituì un impero coloniale, nato da numerose e fruttuose spedizioni in Oriente. Presto si batté con Pisa per il possesso della Sardegna e della Corsica. Le conquiste di Almeria (1146) e di Tortosa (1147) portarono grandi vantaggi da cui nacque il Banco di San Giorgio. La situazione genovese divenne complessa quando il Barbarossa strinse un patto con Pisa. L'abbandono del porto toscano dette luogo nel 1174 a una fittizia pace fra le due repubbliche marinare destinate a farsi continua guerra. Con il podestà e il capitano del popolo – XIII secolo – Genova trovò rinnovata energia che le permise di fondare un ampio potere anche in Sicilia. Ciò tuttavia aumentò le tensioni con Pisa e dette luogo a un profondo dissenso con Venezia. La ghibellina Pisa, dopo l'attentato dell'isola del Giglio, organizzato da Federico II contro le navi del papa che trasferivano i porporati al Concilio romano (1241), spinse Genova verso i guelfi. La seconda metà del '200 segnò l'apogeo genovese. La città acquistò infatti grande prestigio in Oriente in seguito al trattato di Ninfeo (1261) stipulato con l'imperatore Michele VIII Paleologo contro Venezia e l'Impero latino di Oriente. Nel 1282 poi, si giunse alla definitiva resa dei conti con Pisa, dalla quale quest'ultima rimase sconfitta nella drammatica battaglia della Meloria che consacrò il predominio genovese nel Tirreno. La vittoria nelle isole Curzolari (1298) dette poi una sonora sconfitta anche ai veneziani. Durante il '300 nella repubblica si rafforzarono i nobili: i Doria, gli Spinola, i Fieschi, i Grimaldi, i Boccanegra e poi i Gualco, i Montaldo, gli Adorno, i Fregoso, avviarono quel Comune verso forme di oligarchia, sino a che Simon Boccanegra (1339) venne eletto doge a vita. Da quell'anno al 1558 ebbe luogo il periodo dei dogati perpetui, volto a far trionfare la parte nobiliare e a concentrare ricchezze nelle mani di una ristretta oligarchia e del Banco di San Giorgio. All'autoritarismo interno fece però riscontro un periodo di lotte esterne protrattesi nel '300 e nel '400 contro i Visconti e Venezia. Quell'epoca fu dunque dominata da un conflitto ora strisciante ora aperto, culminato nella guerra combattuta per mare e per terra contro la «Serenissima» (1378-1381), fino a che nel 1380 Genova soccombette allo strapotere veneziano. Nel 1381 si concluse così fra le due contendenti la pace di Torino. Con il '400 cominciò un lento declino della «Superba» destinata a perdere le importanti colonie, i mercati e il dominio sui mari. Milano viscontea e sforzesca, il papa, gli Aragonesi di Napoli accerchiarono la repubblica che nel 1499 cadde nelle mani di Carlo VIII di Francia, entrato in Italia per conquistare il Regno di Napoli. Sbaglierebbe però chi pensasse che tale evento portasse immediati mutamenti. I governanti e gli operatori economici liguri non ebbero infatti l'impressione di perdere terreno, anche perché, pur nel degrado, Genova rimase una grande potenza economica, sebbene chiusa a ogni tipo di evoluzione. Quella della Liguria e del suo capoluogo quindi divenne la storia di un manipolo di potenti capaci, sebbene tra i rovesci, di dominare parte del Mediterraneo e dei mari orientali.

5. *Lombardia*

Quando Odoacre fu acclamato re degli eruli (476 d.C.) Pavia e Milano vivevano nell'ombra mentre la pianura padana divenne terra di confisca per gli eruli, poi per Teodorico. La guerra greco-gotica fu in seguito rovinosa per Milano. Più triste ancora diventò la situazione della regione dopo la conquista dei longobardi: un diploma di Dagoberto del 629 usa per la prima volta il termine *Longobardia* con il quale si definì la vicenda di quella terra, la cui condizione fu quella di un popolo vinto i cui proprietari vennero uccisi o spogliati dei propri territori, dei quali il terzo dei proventi fu confiscato dal nemico. La Lombardia rimase senza difesa. Solo Pavia resisté ad Alboino, divenendo il centro della nuova monarchia. Rapine e violenze si intensificarono fino al 584, poi cominciò l'opera di sistemazione. Nelle campagne si riprese a coltivare e nelle città si trovò un *modus vivendi* tra i cittadini e i longobardi convertiti. La Chiesa ambrosiana nel 645 recuperò il suo vescovo e con l'aiuto dei longobardi fondò le chiese di S. Giovanni in Monza, S. Pietro in Civate, S. Pietro in Ciel d'Oro a Pavia, i monasteri di S. Giulia in Brescia, S. Colombano a Bobbio e S. Maria di Castel Seprio. A Pavia cominciò a contrapporsi Milano mentre anche Monza, residenza di Teodolinda, divenne centro politicamente importante. Dopo che in Pavia (774) l'ultimo re, Desiderio, si arrese a Carlo Magno, si rafforzò tutta la Padania e quando l'Italia si staccò dall'Impero carolingio (888), nacque la Marca milanese fra il Ticino, il Mincio, le Alpi, il Panaro e si organizzarono i Comitati di Milano, Pavia, Seprio, Bergamo, Lodi, Cremona, Brescia, Mantova, Piacenza, Parma, Reggio, Modena. Le città sede dei conti, divennero presto appannaggio dei vescovi i quali, attraverso le immunità sulle chiese e sui beni, parteciparono al potere comitale. Berengario ad esempio concesse al vescovo il governo di Bergamo e il potere di riparare le mura e difenderle contro gli ungheri. Stessa cosa avvenne a Cremona, Como,

Pavia, Vercelli mentre i feudi maggiori passarono alla Chiesa ambrosiana. Attestazione della nuova situazione fornì Ansperto, di sua iniziativa restauratore delle mura milanesi e deciso assertore della sua preminenza metropolitica contro papa Giovanni VIII. Funzioni direttive ebbe la Chiesa lombarda quando discese Ottone I che cinse in Milano la corona ferrea (961). La lotta si scatenò in seguito fra potere vescovile e popolare. Con gli Ottoni crebbe il potere ecclesiastico: il vescovo di Lodi dominò fino a sette miglia dalle mura, quello cremonese giunse alle sponde dell'Adda, Como assorbì il Comitato di Bellinzona, quello di Lecco, le chiuse e i ponti di Chiavenna. Nel 933 Milano insorgerà contro il vescovo Landolfo, cacciandolo per costringerlo ai patti. Cremona spoglierà il vescovo Olderico e i grandi feudatari: siamo all'anticamera del Comune non arrestato da re Arduino di Ivrea, né dall'arcivescovo milanese Ariberto d'Intimiano. Nella prima metà dell'XI secolo i medi e i piccoli feudatari alleati di Enrico III strappano ai grandi feudatari l'ereditarietà dei feudi minori (1037). La lotta con i nobili e i vescovi fu ingaggiata da Milano; le altre città la seguirono, così al principio gerarchico si sostituì quello consociativo e l'apparire dei consoli segnò l'avvio del Comune. A Bergamo i *boni homines* e le famiglie mercantili assunsero il governo comunale con il vescovo (1080) e nel 1118 comparvero i consoli già arrivati a Cremona nel 1101 e a Como nel 1109. Alla lotta politica si affiancò allora quella religiosa per la rigenerazione della Chiesa, purificata del clero simoniaco e concubinario. La Pataria riformatrice si pose contro gli aristocratici con Pier Damiani, Ildebrando di Soana e Bonizone da Sutri. Il Comune, nei primi decenni del XII secolo mise le varie città le une contro le altre e Milano divenne presto la più forte e quasi arbitra dello sviluppo padano. Federico Barbarossa nelle sue discese fu così sempre più investito dalle proteste dei Comuni più deboli, gelosi della aumentata potenza milanese; allora nel 1162, con l'aiuto di Como, Lodi e Pavia, egli distrusse la metropoli lombarda. Ma in breve Milano risorse e, aiutata dalle antiche concorrenti, resesi conto dell'interessato inserimento dell'imperatore nelle loro vicende comunali, prese le armi contro Federico I, sconfitto nella battaglia di Legnano (1176), e si risollevò. I contrasti interni tuttavia minarono lo sviluppo delle città e la II Lega lombarda venne sconfitta da Federico II nel 1237 a Cortenuova. Da quel momento e nei decenni successivi la riscossa di tutta la regione fu affidata a Milano: artefici ne furono i Visconti, dopo la sconfitta di Napo della Torre (1227), allorché Matteo Visconti divenne Vicario imperiale su tutta la Lombardia (1294). La signoria viscontea spense ogni fermento democratico ma ruppe le barriere del particolarismo feudale, creando le basi di uno Stato che giunse sino a Genova nel 1353, e a Bologna, meta della politica di Bernabò Visconti e poi di Gian Galeazzo, con cui Milano dominò da Alessandria a Belluno. Se Filippo Maria (1447) non poté resistere all'attacco congiunto di Venezia, Firenze e Genova, il vecchio ducato risorse con Francesco Sforza con il quale la Lombardia toccò il punto più alto, Milano arrivò – così pare – a 300 mila abitanti e le città lombarde conobbero un progressivo rafforzamento. Con Gian Galeazzo Sforza e poi con Ludovico il Moro si assisté all'ultimo guizzo di grandezza. Tuttavia le difficoltà e la natura violenta impedirono la riscossa al Moro che pensò di risollevarsi con l'aiuto dello straniero. Ma dopo una serie di traversie egli finì in ceppi nel castello di Loches e la Lombardia rimase facile preda di Francia e Spagna.

MILANO. Uno dei suoi momenti più fulgidi si ebbe quando, morto Teodosio, la corte imperiale fu ivi trasferita. Ricca e industriosa essa subì gli assalti vandalici degli unni e dei goti, accolse i bizantini poi i longobardi che ne fecero un ducato. Il vescovo assicurò allora asilo a quanti fuggitivi cercarono scampo alla crudeltà degli invasori e nella sede ambrosiana rinvennero *pietas et charitas*. Il terrore delle invasioni fu tale che i cittadini, così è tramandato, sembrò non volessero più vivere, tanto che il vescovo torinese, Massimo, dovette energicamente richiamarli al lavoro e al progresso. Il generale Narsete sanò non poche ferite della città anche se i bizantini non godettero di buona fama. Ancor peggiore divenne la situazione milanese sotto i longobardi. Tuttavia, lungi dal morire, quel centro si riprese attorno ai suoi vescovi. Nel IX-X secolo il governo comitale favorì i commerci e i *capitanei*, appoggiati dall'episcopio, accrebbero il potere dei valvassori; ma la *nobilitas* scadde di importanza quando, dopo il 1037, Corrado II il Salico estese ai feudatari minori le ereditarietà dei *beneficia*. Grave divenne poi la situazione con l'arcivescovo Ariberto d'Intimiano fautore della nobiltà. Contro di lui infatti si levarono i *minores* e gli umili i quali erano sostenuti dall'imperatore. Allora Ariberto armò i milanesi e, a simbolo della difesa, assunse il carroccio. Si giunse così alla guerra fra Ariberto e Lanzone. In quel periodo nella metropoli lombarda si affermarono la Pataria e il clero riformatore, in lotta contro i simoniaci e i concubinari. Il successore di Ariberto, Guido da Velate, avversò la Pataria ma gli si levò contro Erlembaldo, appoggiato dalla curia romana e da Gregorio VII. Nell'ambito di tal governo però prese vita il *consulatus civium* (1097) da cui scaturì il Comune. Accanto a tale magistratura fu collocato il *Consiglio generale*, quindi il *Consiglio di credenza* di 800 membri eletti fra i cittadini. Forte del vescovo e dei suoi amministratori nel 1158, Milano si presentò alla *Dieta di Roncaglia* per chiedere al Barbarossa i diritti di Regalia. La forza di Milano e la rivolta delle altre città lombarde, desiderose di ridurne la potenza, conferirono all'imperatore la possibilità di compiere un'esemplare vendetta contro il capoluogo lombardo, sconfitto e distrutto nel 1162. Tuttavia le città lombarde e padane compresero il pericolo della prepotenza federiciana, così si coalizzarono con la metropoli lombarda contro il Barbarossa sconfitto a Legnano nel 1176. A fine XII secolo si registrò l'affermazione del Comune consolare, mentre nuovo momento di crisi fu quello della Lega lombarda contro Federico II. Gli avvenimenti politici milanesi dell'ultimo trentennio del '200 si inquadrano nel movimento antagonistico fra i Torriani e i Visconti, guelfi i primi e ghibellini i secondi. Martino della Torre fu anziano del popolo (1241) e Filippo podestà perpetuo; ma nel 1277 Ottone Visconti, con l'appoggio di nobili e contado ebbe ragione degli avversari nella battaglia di Desio, ove Napo della Torre, catturato, morì in una cella ingabbiata del castello comasco di Baradello. A Ottone Visconti successe Martino, capitano del popolo (1287). Tornati i Torriani con Guido (1302), crollò momentaneamente il dominio visconteo, riaffidato a Matteo da Arrigo VII di Lussemburgo (1311). Da quel momento nacque la Signoria, un organismo nuovo di cui Milano divenne capitale e i cui incerti confini si allargarono talvolta a Verona, al Monferrato e a Perugia, minacciando persino Firenze. Il più noto dei Visconti fu Giangaleazzo dotato dall'imperatore del titolo di duca di Milano (1395), trasformato nel 1397 in duca di Lombardia, comprendente 30 città dalle Alpi a Bologna, da Alessandria a Belluno. Segno della grandezza milanese fu la imponente fabbrica del Duomo (1386). Imparentata con le corti d'Europa la dinastia fu tra le prime d'Italia con Gian Galeazzo, morto di peste nel 1402. Successero Giovanni Maria e Filippo Maria, alla cui morte nel 1447 venne proclamata la Repubblica ambrosiana. A difendere la nuova istituzione dai veneziani fu chiamato Francesco Sforza che nel 1450 instaurò la gloriosa dinastia. Milano sforzesca si arricchì dell'imponente castello e di palazzi, nonché della chiesa delle Grazie. Alla morte di Francesco Sforza seguì un periodo di torbidi fino all'elezione di Ludovico il Moro e a fine secolo la stella sforzesca tramontò per l'intervento della Francia, del quale ebbe responsabilità il ducato di Milano. Nel 1499 la città fu presa da Luigi XII di Francia. Ludovico la riconquistò nel 1500, ma poi, tradito dagli svizzeri, fu battuto a Novara e Milano rimase ai francesi fino al 1513.

BELLINZONA. Capoluogo del Canton Ticino, ossia dell'ampia pianura compresa fra il confine nord del lago di Como e la catena delle Alpi Retico-Lepontine e divisa in due sezioni dal Monte Ceneri, con il IX secolo passò sotto il potere del vescovato comasco per rimanervi sino a circa il 1231. Dopo di che s'imposero con la loro forza i milanesi e i Visconti cominciarono a circuire quel centro sempre più dappresso sino a quando, il primo maggio 1340, esso non si arrese a Giovanni e a Luchino Visconti, mentre ai Rusca, signori bellinzonesi, rimase solo il possesso del nuovo castello. Nel 1396 si ebbe la definitiva cessione di quella località a Milano, operata dall'imperatore Venceslao. La completa vittoria viscontea coincise però con l'inizio di un'azione politica centrifuga, tendente a spostare la città e l'intera zona agli svizzeri e, nel 1407, i cantoni di Uri e Unterwalden se ne impadronirono. La successiva vittoria dei Visconti contro gli svizzeri ad Abedo (1422), riconsegnò ancora Bellinzona a Filippo Maria Visconti (1426). Milano pertanto ebbe il dominio sulle terre ticinesi sino alla fine del secolo, allorché vennero sottratte a Ludovico il Moro.

BERGAMO. Distrutta da Attila e prostrata dai longobardi, centro di un ducato, fu colpita da Arnolfo di Carinzia (894) e dagli ungheri. Comune vescovile (1112) fu cantata in un famoso *Carme* da Mosè del Brolo. Nel '300 conquistata dai Visconti si aggregò al loro ducato. Conquistata dal conte di Carmagnola nel 1427 fu annessa a Venezia nel 1430.

BRESCIA. Uscita dalle invasioni barbariche, la città passò al potere vescovile e vi si moltiplicarono le lotte tra consoli e vescovi, a cui partecipò anche Arnaldo da Brescia tra il 1120 e il 1127. Nel 1126 essa divenne Comune consolare. Preda delle fazioni guelfe e ghibelline, partecipò alle due leghe lombarde e passò sotto Ezzelino da Romano, i Pelavicino e Buoso da Dovara. Poi divenne appannaggio di Carlo d'Angiò. Nel '300 entrò nell'orbita viscontea.

COMO. Nei secoli altomedievali la vicenda comasca non si distaccò da quelle di altri centri lombardi. La città tuttavia si distinse verso la fine del secolo XI per le lotte contro Milano ed ebbe un'innegabile forza che le consentì di attrarre secolarmente città e popolazioni appartenenti alle terre ticinesi. Il 27 agosto del 1127 fu conquistata dai milanesi e prese parte con il Barbarossa alla distruzione della metropoli ambrosiana. Partecipò alla I Lega lombarda e poi alla II, quindi entrò in rotta di collisione con la famiglia ghibellina dei Rusca; nel 1335 passò sotto i Visconti con Azzone per rimanervi sino alla morte di Gian Galeazzo (1402).

CREMONA. Longobarda con Agilulfo (609) fu elevata a sede vescovile e tale rimase sino ai tempi di Carlo Magno e di Berengario I (916). Nel 1098 si costituì in Comune e Matilde di Canossa la dotò del Contado dell'Isola Fulcheria, compresa Crema che rifiutò la soggezione impostale. Così Cremona fu nemica di Milano e fedele a Federico I e Federico II, mentre Crema si affidò alla metropoli lombarda. Nel 1247 fu eletto podestà cremonese Uberto Pelavicino, il quale, con l'aiuto di Buoso da Dovara consolidò una signoria diretta su Cremona e Piacenza e indiretta e sostanziata di varie cariche su Pavia, Vercelli, Brescia, Parma, Novara, Bergamo, Tortona e Alessandria ed esercitò qualche influenza persino su Milano. Divenuta guelfa, Cremona rifiutò di riconoscere Arrigo VII (1308) che la saccheggiò e le tolse il titolo di città. Dalla successiva signoria dei Cavalcabò passò ai Visconti che se ne impossessarono il 15 luglio 1344. Alla morte di Gian Galeazzo (1402) tornò per breve tempo ai Cavalcabò, per rientrare nel dominio visconteo sotto Filippo Maria (1441); poi fu degli Sforza e per un decennio della Repubblica veneta (1499-1509).

LOCARNO. Con Bellinzona la località più importante del Sopraceneri, appartenne al monastero milanese di Sant'Ambrogio, poi al vescovato di Como che la detenne sino al 1154, allorquando Federico Barbarossa la assegnò all'abbazia di Disentis. Due anni dopo (1156) fu conquistata da Milano e la famiglia ticinese dei Rusca che ivi possedeva una posizione di preminenza feudale, divenne vassalla dei Visconti che le riconobbero il titolo comitale. Sotto l'usbergo ambrosiano la città rimase così fino a tutto il secolo XV sino a che, con il 1512, passò stabilmente agli svizzeri.

LUGANO. Come Mondrisio e pressoché tutto il cantone ticinese e la terra dei Grigioni, dal IX secolo fu anch'essa nelle mani di Como che se la contese secolarmente con Milano, la quale, agli inizi del XII secolo, la conquistò consacrando l'intera zona alla cultura, all'arte, all'economia, alla politica lombarda. In seguito, però, un podestà comasco modificò i precedenti rapporti di forze; durante gli anni della lotta contro il Barbarossa e soprattutto nel periodo dell'aspro conflitto contro Federico II si trasferì sotto il controllo milanese. Nel 1286 venne nuovamente riaggregata a Como che la dotò di un munito castello e di una forte cinta di mura provvista di cinque porte. La città, accresciuta di significative opere pubbliche, palazzi, chiese, strade, divenne il centro della valle luganese, fu retta da un capitano e assunse il ruolo di punto di snodo stradale e commerciale fra i centri tedeschi e franco-borgognoni e il nord della penisola italiana. Durante il periodo visconteo e lo sforzesco entrò anch'essa tra i feudi dei conti di Rusca, poi di Luigi Sanseverino (1433-1447). Nel 1499 passò a Carlo VIII di Francia e nel 1512, uscita dal ducato milanese, fu occupata dalle milizie svizzere, inaugurando la dominazione dei primi 12 cantoni.

MANTOVA. Fu ricordata quando con il suo territorio entrò tra i possedimenti feudali canossiani di cui Atto Adalberto fu designato erede quale conte mantovano (977). A lungo dimora di Bonifacio allorché la famiglia di Canossa passò alla parte antimperiale, ospitò il sinodo di Alessandro II. Nel conflitto con Enrico IV, Mantova non fu campione di fedeltà per Matilde, l'alleata di Gregorio VII, e nel 1091 si arrese a Enrico IV da cui ebbe favori. Dopo la morte della contessa Matilde si accrebbero i suoi dissapori con i Canossiani, sino a che nel 1126 divenne Comune, sotto il vescovo fino alla pace di Costanza (1183). Essa subì però l'influenza di Federico Barbarossa sino al 1167, poi entrò con Verona nella Lega. Nuovo impulso alla città venne tuttavia con la signoria dei Bonacolsi e poi, dal 16 agosto 1328, in seguito al passaggio a Luigi Gonzaga. Si costituì allora la signoria gonzaghesca grazie alla quale la città partecipò prestigiosamente alla vita politica, economica e artistica della Lombardia e di tutta la Padania.

MONZA. Trasformatasi durante la dominazione di Teodorico, si sviluppò ancor più in età longobarda. Con la regina Teodolinda infatti la cattedrale ove si conservava anche la corona ferrea divenne meta di pellegrinaggi per visitare i celebri *papiri degli oli* di Monza. La vicinanza con la metropoli lombarda determinò non poco il suo destino; infatti con il 1126 si iniziò la dominazione milanese, interrotta da Federico I e da Enrico VII e consolidata da Galeazzo I Visconti nel 1324, il quale fece tristemente ricordare Monza per le scure prigioni dette dei «forni», situate nel castello da lui eretto. Nel 1333 Azzone Visconti cinse la città di mura e torri e ne curò gli statuti.

PAVIA. Goti e bizantini le conservarono la posizione ragguardevole che le consentì un'accanita difesa allorché giunsero i longobardi, tanto che cadde dopo tre anni di assedio e i vincitori ne fecero la capitale del regno e tale – sede del sovrano e della corte – essa restò fino alla fine del Regno italico. Come capitale crebbe d'importanza. Arricchita di chiese e monumenti ebbe splendore di cultura, scuole di grammatica e di diritto nella cappella Palatina presso la corte, un tribunale regio con giudici e giuristi e notevole attività economica, favorita dai traffici sul Ticino. A Pavia e nel vicino palazzo reale sull'Olona si rinnovarono ogni anno le assemblee italiche per l'approvazione dei *Placiti* e le deliberazioni di interesse generale, nelle quali i maggiorenti del regno rivendicarono e ottennero diritto di intervento. Oltre che centro culturale la città fu sede di mercati e commerci importanti rimastivi anche quando nell'anno 1024 i pavesi, conosciuta la notizia della morte di Enrico II imperatore, in seguito a un'insurrezione distrussero la Camera regia. Gli imperatori furono talvolta incoronati nella basilica pavese di S. Michele ma più spesso a Monza e a Milano per la sua posizione strategica. Nel XII secolo il Comune arricchì la città di preziosi monumenti: S. Michele, S. Teodoro, S. Pietro in Ciel d'oro. S. Giovanni in Borgo, S. Stefano, S. Maria del Popolo. Federico I ripagò la fedeltà dei pavesi con il diploma del 1164, considerato *magna charta* del Comune. Anche nel XIII secolo quel centro si conservò ghibellino poi, sebbene indipendente, perse la posizione di preminenza. Nel 1359 si arrese ai Visconti che lo dotarono della stupenda Certosa. Decadde con gli Sforza.

6. *La situazione urbanistica*

Differenze sensibili presentano i problemi dell'edilizia e dell'urbanistica dell'Italia medievale fra i secoli del I e quelli del II millennio. Dal V al X secolo infatti ci si trovò ancora relativamente vicini all'età imperiale e le città, pur fra guerre e invasioni e fra le difficoltà determinate dalla carente amministrazione, ebbero prevalente bisogno di restauri conservativi e di mutamento di destinazione di uso ma si avvalsero ancora delle imponenti e ben conservate opere pubbliche dell'Impero. Mura, ponti, porte, posterule, opere difensive, palazzi, teatri, fori, edifici sacri, archi, colonne, statue, fontane, terme, strade consolari e vie interne, condutture, acquedotti e fognature furono quelli romani, utilizzati sino a quando i motivi bellici, il passare del tempo, la mancanza di adeguati restauri e di personale che li eseguisse correttamente nonché del denaro per realizzarli, non li resero inutilizzabili. L'impegno maggiore fu allora quello di razionalizzare e tramandare l'esistente, cosa che avvenne in modo talvolta positivo durante l'età teodericiana, nel periodo carolingio e in determinate epoche del Regno italico. Del tutto negativa si rivelò l'epoca della guerra greco-gotica e dell'invasione longobarda. Nella prima metà del VI secolo, Roma, Napoli, Ravenna, Pavia, Lucca, Piacenza, Verona, Padova, conobbero una notevole politica di opere pubbliche, volte ad annullare gli effetti dei precedenti assalti degli unni di Alarico e di Genserico. La brevissima dominazione bizantina – lo attesta la *Prammatica sanzione* di Giustiniano del 554 – dette risultati positivi: si pensi all'opera edilizia attuata in Roma e a Milano dal generale Narsete. Del tutto sfavorevole invece fu l'età longobarda, specie nei primi decenni, come attestò Gregorio Magno nelle sue dolenti omelie. Nei secoli successivi arabi, ungheri e normanni compirono un'opera di notevole, sebbene non sistematica distruzione che mise a dura prova il già precario patrimonio edilizio compromesso nei secoli precedenti e, alla fine del I millennio, si registrò una situazione non più sanabile con semplici restauri. Questi ultimi poi furono difficilmente effettuati per mancanza di danaro e di maestranze abili, nonché per il forzato impiego di materiali scadenti. L'uso di pietre umide e di riporto, di legno non resistente – la carenza di cedri del Libano rese difficile l'opera di travatura delle grandi basiliche paleocristiane – tegole friabili, cattive malte obbligarono a ripetere spesso i restauri sui medesimi edifici, a distanza di qualche decina di anni, con risultati deludenti.

Accanto a questo settore importante per la vita delle città altomedievali, dobbiamo ricordare anche le esigenze relative all'urbanistica ecclesiastica. Le necessità della Chiesa dei primi secoli, soggetta alle persecuzioni, introdussero l'abitudine di allestire segretamente chiese presso case ed edifici privati. Dal V secolo la nuova situazione religiosa, organizzativa ed economica, indusse ad utilizzare templi pagani opportunamente trasformati: per esempio S. Maria in Cosmedin a Roma, sorta sul vecchio tempio di Cerere, o S. Clemente poggiato su un mitreo e su vecchie case private; gli antichi *palatia* lateranensi divennero la basilica di S. Giovanni, mentre le costruzioni militari del Celio si trasformarono nella chiesa di S. Stefano Rotondo. Tutto ciò fece sì che esteriormente il volto della antica città rimanesse immutato mentre la Chiesa cristiana ingabbiò il centro urbano con una sorta di sottile, resistentissima rete nel corso di due secoli destinata a trasformarla. Pari esigenze poi riempirono i centri urbani – Roma soprattutto – di nuove chiese e costruzioni sacre. Le campagne conobbero il fenomeno delle *Domuscultae* (sorta di fattorie modello organizzate da fondazioni ecclesiastiche, spesso dalle diaconie, per rendere più agevole e redditizio il lavoro delle terre ecclesiastiche). Si costruirono poi i *Castra*, gli edifici monastici, le abbazie e le *Pievi* nelle campagne. Tutto ciò non indurrà a ritenere che la situazione abitativa delle città e dell'agro fosse felice; essa però, in Italia, fu meno drammatica che in altre zone dell'Occidente. Danni e distruzioni vi furono e risultarono ingenti, ma non mancarono pure interventi nuovi e non isolati. Con il II millennio la situazione cambiò molto, presentando aspetti negativi e positivi. I primi furono determinati dal fatto che, a seguito delle precedenti, note vicende, le antiche costruzioni pubbliche divennero fatiscenti e lasciarono i centri cittadini diruti e carichi di rovine. Dall'XI secolo in poi, per fare un esempio, Roma assunse l'aspetto di un «complesso» edilizio in decadenza, ove regnarono disordine e sporcizia. Per tal motivo, risultarono agevolati i luoghi meno antichi e privi di costruzioni dell'età imperiale, liberi pertanto dagli impacci generati dalla suddetta situazione.

Gli aspetti positivi invece, nacquero dalla generale condizione di ripresa economica e civile successiva al Mille, per cui nella penisola si notarono i segni della ripresa e del rinvigorimento delle varie forme di vita. Al contrario di quanto era accaduto centinaia di anni prima, le mutate condizioni richiamarono gente dalle campagne nelle città che si arricchirono di palazzi, torri e chiese e poi, quando le vecchie si rivelarono insufficienti, di nuove cerchia di mura. Così accadde a Firenze, Genova e Milano, fra il 1050 e il 1100, e attorno ai vetusti centri storici sorsero i *borghi* brulicanti di vita nuova, i cui abitanti presero il nome di *burgenses*. Presto si edificarono nuove cattedrali: S. Ambrogio di Milano verso il 1100, fra il 1120 e il 1138 S. Zeno di Verona, il duomo modenese fra il 1099 e il 1184. A Firenze la cinta urbana passò da 24 a 75 ettari, a Parma da 26 a 73, a Milano raggiunse i 200. Nel '300 Firenze, una vera metropoli, aveva 110 chiese, 30 ospedali, 200 botteghe e 40 banche, le sue industrie produssero ogni anno dalle 70 alle 80 mila pezze di panno. Nel XIV secolo mentre a Milano si costruiva il duomo anche a Parma si pose mano alla famosa certosa (1396). Nella seconda metà del '400 infine si ebbe uno slancio per l'edilizia monumentale pubblica e privata, avviata dalle amministrazioni cittadine e dalle corti signorili e principesche. A Milano si costruì l'Ospedale Maggiore, opera del Filarete, a Ferrara il Palazzo dei diamanti. Si completò il palazzo ducale a Venezia, mentre il Mantegna compì nel palazzo gonzaghesco di Mantova pregevoli decorazioni affrescate presso la «Camera degli sposi».

Fra il 1450 e il 1478 furono edificati in Firenze più di 30 palazzi e ville suburbane, mentre nel 1485 si iniziò palazzo Strozzi. Roma divenne un vero cantiere: nel 1455 cominciarono i lavori di Palazzo Venezia, si tracciò via Giulia, vero modello di urbanistica moderna e funzionale, mentre di lì a poco Michelangelo disegnò meravigliosi palazzi, uno per tutti il Farnese, e dette luogo a clamorosi esempi di «riuso» arditi e inconsueti: il restauro degli stabili di piazza del Campidoglio e la trasformazione delle Terme di Diocleziano nella basilica di S. Maria degli Angeli. Con lui e prima di lui lavorarono a Roma Donatello, Pollaiolo, Botticelli e Rossellino mentre si accompagnò loro l'*exploit* raffaellita. Alla fine del Medioevo insomma, si assistette a un vero *boom* edilizio al quale aggiungeremo le costruzioni dovute ai Francescani e ai Domenicani che, a differenza dei Benedettini abituati a collocare le loro sedi nelle campagne ove edificarono le abbazie, preferirono elevare le chiese, i campanili e le case dei loro ordini nei centri cittadini o nei borghi, ove Minori e Predicatori divennero insostituibile elemento dell'immaginario collettivo.

7. *Veneto (Venezia Euganea, Istria, Dalmazia, Friuli, Trentino Alto Adige)*

La storia del Veneto si incentra su quella di Venezia e tuttavia raccoglie le vicende dell'ampia *X regio* romana che nell'ordinamento di Augusto, si estese dalla Pannonia all'Adda e comprese oltre al Veneto, l'Istria, la Dalmazia, il Friuli, il Trentino e l'Alto Adige per il tratto che, secondo la *tabula clesiana* del 46 d.C., racchiuse la striscia fra Salorno, Bolzano e Merano (le terre atesine del nord furono aggregate alla Rezia). Importante zona di passaggio fra Nord e Sud del continente, Oriente e Occidente, fu teatro secolare di scontri barbarici fino a che con il 568 l'intera regione divenne appannaggio dei longobardi, mentre le coste e le isole lagunari restarono bizantine. Fu allora che la pressione dei barbari spinse i romani, isolati da Ravenna, fra il 609 e il 616 a cercare scampo nelle isole lagunari. Sorsero così nuovi centri accanto ai vecchi: Grado, *plebs* di Aquileia, diventò *castrum* e Chioggia conservò integra la sua tradizione. La sede del governo passò da Oderzo alla *civitas nova*, detta Eraclea, la sola apparsa con tale nome nel ducato bizantino. La residenza ecclesiastica rimase a Grado. Torcello, Caorle, Equilio, Olivolo, Fine, Malamocco formarono nella laguna il ducato bizantino delle Venezie, alle dipendenze di Costantinopoli e dell'esarca di Ravenna. Il crollo del potere bizantino nel 751 dette sanzione più decisa ai già preformati ducati, se non indipendenti, almeno autonomi. Al principio del secolo IX la crisi franco-bizantina fu risolta, in questo angolo di terra, da Carlo Magno che la definì con il patto di Aquisgrana dell'814, rinnovato da Lotario nell'840. Se complessa fu la sorte del Veneto propriamente detto, non meno precaria fu la vicenda dell'Istria e della Dalmazia, ambedue destinate a subire, fra la caduta dell'Impero romano e l'inizio del Medioevo, ripetute invasioni di unni, goti, bizantini, longobardi e slavi. Tuttavia, dopo l'assalto di Alboino, Istria e Dalmazia vennero attratte nell'orbita bizantina e ciò consentì loro di conseguire una larga autonomia. Dopo lunghe traversie si costituì la Marca istriana, entrata nella sfera imperiale con Ottone I, passata poi sotto l'influenza bavarese, mentre con Enrico III ed Enrico IV fece parte dei possedimenti carinziani. Con l'XI secolo tuttavia Venezia cominciò a insinuarsi nelle coste dalmate e istriane. Nel 1115 Pola e Capodistria strinsero con la Serenissima un atto di *fidelitas*, sotto il dogato di Pietro Polani. Pari orientamento seguirono Parenzo e Pirano nel 1150. Dato il successo di Venezia e del patriarcato di Grado, Aquileia e i suoi presuli cercarono in ogni modo di intervenire a favore dei potentati slavi e tedeschi per comprimere Venezia che tuttavia, almeno lungo le coste, prevalse. A loro volta i conti di Gorizia cercarono di entrare in terra istriana ma furono bloccati sulle zone carsiche. Quando fra il '300 e il '400 cadde in crisi il patriarcato di Aquileia, in seguito al ridimensionamento della situazione imperiale, il dominio di Venezia si fece più sicuro. Passando al Friuli diremo che anch'esso fu teatro di incursioni pur successive alla sua costituzione in ducato longobardo, mentre la situazione migliorò con Carlo Magno, il quale ebbe simpatia per i friulani da lui costituiti in marchesato. Dopo il periodo del Regno italico e della prevalenza imperiale, la gente del Friuli cercò di mantenersi autonoma, oltre che politicamente, dal punto di vista linguistico e culturale, ma divenne preda del patriarcato di Aquileia e mal sopportò le ingerenze del clero romano. Con il XIV-XV secolo, anche lì si consolidò la presenza veneziana. Nel 1419 Cividale si dette a Venezia, il 16 giugno del 1420 capitolò anche Udine e Tristano Savorgnan vi entrò con lo stendardo di S. Marco. Pure il ducato di Trento e il Basso Adige sino a Salorno gravitarono nell'alto Medioevo in zona Padana, e la Marca tridentina, costituita da Carlo Magno, non mutò tale inclinazione. Fra i secoli XI-XIII invece, quelle terre furono attratte dagli imperatori nell'orbita tirolese. Quando poi con il '300 si rafforzarono le dinastie di Baviera e degli Asburgo, il Tirolo sentì una prevalente vocazione germanica, mentre il Trentino si volse ai Visconti e a Venezia. Durante il '400 infine, la situazione già precaria non subì mutamenti e Rovereto e Trento, la cosiddetta «porta di casa d'Austria», rimasero distinte dall'influenza austriaca.

VENEZIA. Dopo gli incerti inizi dell'età romano-barbarica, Venezia cominciò ad essere una realtà. Il doge Pietro nel X secolo costruì la prima *civitas Rivoalti* poi *civitas Veneciarum* e il nome conferito alla regione si limitò alle isole rialtine, a favore delle quali si formò il *corpus civitatis Venetiarum*. Dopo la morte di Candiano (889) fu ampliata la sfera d'azione di Venezia volta soprattutto a intensificare i commerci. Attorno all'anno Mille le navi, al comando del doge Orseolo, giunsero in Dalmazia, raccogliendo l'omaggio di quelle comunità che promisero fedeltà e collaborazione, onde sottrarsi alla minaccia slava e proclamarono il doge, duca dalmatico. Gli accordi con Capodistria ampliarono ancora il raggio d'azione veneziano, malgrado l'ostilità del patriarca aquileiese, e Venezia continuò la sua politica di penetrazione istriano-dalmata. Grado poi rimase la sede patriarcale opposta dal ducato ad Aquileia. I rapporti fra Venezia, Zara e i Dalmati continuarono nell'XI secolo, nonostante l'affermarsi della signoria croata di re Cressimiro. Importante fu la missione in Dalmazia di Mainardo di Silvacandida (1060), abate di Pomposa, il quale applicò in territorio croato le Costituzioni del Sinodo del 1059, restituì importanza alla diocesi di Spalato e ai suoi rapporti con Roma. L'applicazione di tali rapporti fu demandata a Venezia, di fatto dominatrice su quelle terre più della lontana Bisanzio. Anche dopo le incursioni normanne Gregorio VII operò investiture vescovili per aumentare l'influenza veneziana. Comunque, sino alla *Serrata del Maggior Consiglio*, il vescovo di Zara dipese dal patriarcato di Grado. Da Pietro Orseolo II, nell'anno Mille, a Vitale Michiel I nel 1100, l'influenza veneta nelle terre istriano-dalmatiche ebbe continuo sviluppo. Nel XII secolo il ducato ottenne il dominio dell'Adriatico. Venezia intervenne nella guerra normanno-bizantina e fece opera di mediazione nella pace di Venezia del 1177 tra il Barbarossa, Alessandro III e i Comuni. Nello stesso tempo mutò la situazione interna della città lagunare: sorse il *Consiglio dei Savi* da cui derivarono il *Maggiore* e il *Minor Consiglio*. Nacque poi il *Communis Venetiarum* e si sancì la separazione fra i privilegi dogali e le funzioni impersonali dello Stato. In questa situazione avvennero i due eventi notevoli della storia veneziana del '200: la guerra con Genova per il possesso di Candia e il rinnovamento degli ordini sociali, concluso alla fine del secolo con le leggi di Piero Gradenigo, denominate *Serrata del Maggior Consiglio*. La lotta con Genova assunse tinte fosche quando con il 1261 il trattato di Ninfeo saldò la coalizione bizantino-genovese. Fu nel 1297 però che Venezia scelse la forma oligarchica, stabilendo, di lì a pochi anni, che nel principale organo costituzionale della repubblica, entrassero solo coloro che già ne avevano fatto parte nell'ultimo quadriennio, affidando così il governo a poche famiglie nobili, tra le quali si scelsero i dogi, gli ammiragli, gli ambasciatori, grandi dignitari e funzionari. Nel 1310 Baiamonte Tiepolo tentò di rovesciare quell'ordinamento, ma con l'istituzione del *Consiglio dei Dieci*, magistratura d'inquisizione sulla condotta dei cittadini, compreso il doge, Venezia divenne una repubblica aristocratica retta da un gruppo ristretto. La sua costituzione interna fu messa quindi alla prova dalla *politica di terraferma* che garantì allo Stato la disponibilità delle vie del commercio continentale. Contro i Visconti la repubblica adriatica conquistò la signoria scaligera veronese, nel 1339 si annesse il trevigiano e fra il 1404-1405 Vicenza, Feltre, Belluno, Padova, Verona e Rovigo. Il conflitto fra le rivali Venezia e Genova divenne guerra aperta nel 1350, in particolare fra il 1378 e il 1381 (guerra di Chioggia). Dopo alterne vicende culminate nella liberazione chioggiotta operata da Vittor Pisani, il conflitto terminò con la ricordata pace di Torino (1381). Nel '400 l'espansione viscontea costituì un rischio per Venezia che, lottando contro Milano, i Carraresi e altre Signorie, giunse al Garda, alle Alpi orientali e all'Adige. Con la nuova espansione milanese raggiunta da Filippo Maria Visconti sorse, nel 1423, la lega antiviscontea guidata dal doge Francesco Foscari. Francesco di Bussone, il Carmagnola, passato dai Visconti a Venezia, riportò una vittoria a Maclodio (1427). Tuttavia, esitando a sfruttarla, sospettato di tradimento, fu fatto decapitare dal governo veneziano che nella seconda metà del '400 toccò il suo apogeo, stabilendo colonie nel Levante sino al mar Nero e al mar d'Azov. Dal 1468 in poi Venezia combatté cruente guerre contro i turchi e, sebbene non raggiungesse un considerevole controllo delle zone interne, sloveni, croati, turchi, tedeschi, non prevalsero sulle coste e nelle isole le cui città, splendidamente costruite e munite di porti, spesso imprendibili, furono veneziane. Con la scoperta dell'America, lo sviluppo dei bacini occidentali e dell'Atlantico, cominciò il declino della repubblica lagunare.

AQUILEIA. Sede di vescovado dal IV secolo, un suo presule fu al Concilio di Arles (314). La occuparono Attila (451), gli ostrogoti e i bizantini. Durante lo Scisma dei Tre Capitoli e la condanna contro i vescovi ribelli di papa Vigilio (554), il metropolita aquileiese cominciò a chiamarsi patriarca e con i longobardi accrebbe la sua importanza, dato che professò la confessione ariana. Allora Grado divenne sede di un contrapposto patriarcato cattolico preminente nelle zone filobizantine, nel ravennate, a Venezia, nell'Istria e in Dalmazia. Il patriarcato aquileiese dal IX al XIII secolo si trasformò così in supporto filoimperiale e dalla Slovenia alla Croazia, all'interno dell'Istria e della Dalmazia influì in funzione antiveneziana. Lo stesso patriarca agì contro i dogi nel Trentino e in Alto Adige, ove conservò ampia giurisdizione fino a che non fu rimpiazzato dalle diocesi di Bressanone e di Innsbruck. Bressanone, la tedesca Brixen, dal X secolo fu sede di un vescovado, centro di un principato dal 1027, anno in cui, cinta di mura, diventò la prima città altoatesina. Gli imperatori sassoni, i franconi e gli svevi, la utilizzarono politicamente sino a che il patriarca Ulrico II, sconfitto dai veneziani, si accostò ad Alessandro III cooperando alla pace di Venezia e di Costanza (1183). Nel 1180 Alessandro definì i rapporti fra Aquileia e Grado e, mentre quest'ultima deperiva di fronte al prevalere di Venezia, la maggior parte delle diocesi istriane, dalmatiche, friulane e tridentine rimasero sotto il predominio aquileiese. Nel 1206 il patriarca Wolfger concluse un accordo commerciale con Pietro Ziani e, due secoli dopo, l'intero Stato patriarcale si fece veneziano (1420), allorché il conte di Gorizia riconobbe l'investitura dei suoi feudi passati alla Serenissima (1442). L'accordo finale tra il patriarca Ludovico Trevisan e la Signoria di S. Marco ebbe luogo il 10 giugno 1445.

PADOVA. Dopo i rivolgimenti del periodo barbarico sembrò cancellata dal novero delle città, mentre presto il vescovado patavino si risollevò dalla crisi anche se, dal VII al IX secolo, il centro patavino fu trasferito a Monselice e, solo con Ottone I (960), Padova fu sede del ricostituito comitato. L'antica struttura dopo alcuni secoli sbocciò nel 1138 con la nomina dei consoli che dettero vita a un Comune invano sospinto dal Barbarossa alla fedeltà imperiale. Così il Comune padovano alla fine del XII secolo, poi con il podestà nel XIII secolo divenne una vera entità politica. Dopo la parentesi ezzeliniana Padova, nel XIV secolo contrastò Enrico VII e il Vicario Can Grande della Scala. Nel 1320 i carraresi, col pretesto di assicurar la città dagli Scaligeri, instaurarono un principato rimasto al potere sino al 1389.

Lo scalzò poi Gian Galeazzo Visconti e nel 1406 Venezia che assorbì Padova nella sua signoria.

POLA. Data la sua posizione protetta e il porto naturale, Pola sentì poco l'oppressione delle invasioni barbariche e continuò a commerciare salvando, grazie alla sua vocazione pacifica, gran parte dei pregevoli monumenti romani dell'età augustea e del II secolo d.C., rimasti sino ad oggi integri nel corso del tempo. Dopo un periodo di autonomia essa fu conquistata da Venezia (sec. XIII) e nel 1379, durante la guerra di Chioggia, fu attaccata dai genovesi. Dopo la pace di Torino (1381) la «Serenissima» la rioccupò, dotandola di saldi impianti portuali, così nel '400 fiorirono i suoi traffici e la cultura veneta.

TRENTO. Nell'età barbarica il suo primo vescovo, il romano Vigilio, diffuse il cristianesimo e organizzò la diocesi le cui fortificazioni sul *Verruca*, «chiave della provincia», furono rafforzate da Teoderico; i longobardi ne fecero la sede più settentrionale del regno. Anche Carlo Magno la favorì come città d'Italia. Più tardi poi, divenuta sede di un principato ecclesiastico, appoggiò la politica imperiale germanica e fallirono i tentativi di Ezzelino da Romano e di Mastino della Scala per impadronirsene. Anche Ludovico il Bavaro vi tenne un convegno per consolidare l'autorità imperiale, ma prevalse la tradizione italiana di un nucleo di importanti famiglie che, attorno al vescovo, si orientarono verso Venezia. Una ribellione antimperiale, capeggiata da Rodolfo Bellenzani, scoppiò nel 1407, ma verso la fine del XV secolo, il ceppo tirolese si ricostituì, conferendo successivamente un aspetto germanico alla città.

TREVISO. Con i goti divenne centro di approvvigionamento delle Venezie e i longobardi ne fecero un ducato. Commercialmente prospera nel 773 possedeva una zecca; poi con i franchi si trasformò in Comitato e in sede di marchesato. Naturalmente antimperiale Treviso fu contro il Barbarossa e aderì alla Lega lombarda, mentre lottò contro i vescovi per sottrarre loro molti privilegi. Divenuta Comune podestarile, si rafforzò nel '300 come centro culturale nel quale si contarono, tra gli altri, Sordello da Goito e Ugo di Saint Circ. Passata alla signoria dei da Camino che, dopo la parentesi ezzeliniana, la occuparono stabilmente, la città subì il dominio degli Scaligeri (1329) poi quello di Venezia cui appartenne fino al 1797.

TRIESTE. Sottoposta ai goti quindi ai greci (539), nel 568 fu devastata dai longobardi quando valicarono le Alpi a Postumia. Nel 591 tuttavia tornò ai bizantini ai quali nel 788 la sottrasse Carlo Magno che vi introdusse consuetudini e leggi germaniche, cui la città e gli istriani si opposero con il placito di Risano, nel quale chiedevano il mantenimento della *antiqua lex romana*. Nel secolo X Trieste, parte del Regno italico, rimase *civitas* autonoma ma presto subì due diverse interferenze: dal mare quella veneta, dall'interno quella degli imperatori penetrati dal patriarcato di Aquileia. Ma nonostante tutto, quel porto restò autonomo e nel 1139 era in efficienza il Comune *Tergestinae civitatis*, capeggiato dal Gastaldo, tutore degli interessi *pro Comune di Tergesto*. Progressivamente rafforzatasi nel 1202, dopo l'approvazione di patti commerciali che ne assicuravano l'autonomia dal presule aquileiese il quale si accontentò di servirsi del porto triestino come base commerciale, senza intervenire nella sua politica, si proclamò fedele a Enrico Dandolo. Sul mare, grazie all'appoggio dogale, essa non conobbe concorrenti, mentre fu contrastata da Capodistria che nel 1182 ricevette dai veneziani il monopolio per il commercio del sale e pertanto chiuse a Trieste il retroterra carsico-carniolitico. Nel '300-'400 quel porto divenne ricco e autonomo da Venezia che continuò a proteggerla, allontanandone gli austriaci.

VERONA. Durante l'età barbarica fu preminente e nel 487 Teodorico, vinto Odoacre, costruì lì un palazzo reale. Fu sede di Alboino che vi morì in età longobarda, e di lì Adelchi si mosse per tentare l'estrema difesa contro re Carlo. Sotto i carolingi la città ebbe notevole incremento mantenutosi anche durante il Regno italico e l'Impero ottoniano. Uscita dall'influenza canossiana, nel 1135, Verona divenne Comune. Legata a Federico I sino al 1164 la città partecipò quindi alle leghe antimperiali. Dopo un periodo di prevalenza ezzeliniana Verona entrò nell'orbita degli Scaligeri che dal 1262 posero lì un centro di potere mantenutovi sino al 1387, allorché essa fu assorbita dall'espansione viscontea. Nel 1404, dopo un effimero ritorno dei della Scala, divenne veneziana.

VICENZA. Soggetta a Odoacre, ai goti e ai longobardi, divenne Priorato, poi Comitato franco e dal X secolo appartenne alla Marca di Verona. Con quest'ultima e con Padova, nel XII secolo costituì la Lega veronese poi fusasi con la lombarda. Per le sue tendenze antimperiali Federico II la assalì, mentre a domarla pensò Ezzelino da Romano (1236-1259). Riconquistata la sua autonomia, rafforzò le istituzioni comunali e podestarili. Nel '300 diventò pomo della discordia fra Verona e Padova, sin quando passò sotto la signoria scaligera. Dal 1387 si trasformò in possedimento visconteo e, dopo la morte di Gian Galeazzo, si dette a Venezia con cui rimase fino al 1797. Il suo sviluppo maggiore – vantò 100 torri – fu quello comunale e dopo lo scaligero.

ZARA. A lungo rimase nel sistema bizantino e dopo la caduta di Ravenna fu il centro della Dalmazia bizantina. Autonoma pure durante l'età carolingia, solo nel Mille si dichiarò fedele a Venezia per rimanervi, nonostante i tentativi di inserimento nel regno ungherese. Dal 1202 poi, Enrico Dandolo, coadiuvato dai Crociati, stabilì il dominio della Serenissima in Zara che nel '300 vi si sottrasse scegliendo la protezione ungherese e quella di Ladislao di Durazzo (1402), che nel 1409 la cedette con le sue terre e le isole a Venezia che vi restò sino al 1797.

8. *La vita economica e sociale*

Con l'aggravarsi della crisi imperiale del III-IV secolo, allorché apparve chiaro in qual misura la civiltà antica avesse esaurito il suo vigore, anche in Italia le condizioni economico-sociali si fecero peggiori, sia nelle città brulicanti di poveri privi di lavoro e di mezzi di sostentamento, sia nelle campagne ove le carestie, le epidemie, le invasioni e le distruzioni si moltiplicarono dal sud al nord della penisola. Visigoti, ostrogoti, unni, vandali con i loro assalti intensificarono le devastazioni e le migrazioni interne di masse notevoli di popolazioni inermi e impaurite già in precedenza angariate dal fisco imperiale e, talvolta, così disorientate da invocare l'arrivo dei barbari accolti quasi come liberatori, non sapendo che la nuova situazione sarebbe stata per loro ben peggiore della precedente. Di fronte a così gigantesca catastrofe, le condizioni migliorarono agli inizi del VI secolo, allorché Teodorico dette impulso all'agricoltura, all'edilizia e alla cultura, offrendo una via d'uscita a operai, artigiani, contadini finalmente provvisti di lavoro e quindi meno incerti per il loro avvenire immediato. Tuttavia si trattò di una parentesi chiusasi bruscamente con l'inizio della guerra greco-gotica (535-553) che sconvolse l'Italia, annientò patrimoni d'ogni genere, uccise giovani, donne e vecchi, abbandonando gli scampati attoniti e privi della capacità di scuotersi.

La conquista bizantina e la successiva invasione longobarda (568) compirono l'opera. Così, agli inizi del VII secolo, un intero popolo barbarico rozzo e feroce si trasferì in Italia. Di fronte al pericolo chi poteva fuggì, altri resistettero, ma furono destinati a soccombere. I conquistatori pretesero l'applicazione della legge dell'*hospitaticum* in forza della quale ai longobardi spettò un terzo delle terre occupate. Forse, solo con l'VIII secolo la crisi si attenuò per gli italiani che cominciarono a non essere considerati soltanto «un volgo disperso» e privo di nome. La Chiesa, infatti, prese a rafforzarsi anche economicamente e attorno alle *Diaconie* e alle *Domuscultae* si riannodarono i fili della convivenza sociale. Ma l'incertezza dell'avvenire, i pericoli di guerra latenti impedirono un'effettiva ripresa. Nelle *Curtes* si sviluppò così un'economia tendenzialmente chiusa e autarchica cui la Chiesa cercò di ovviare con i suoi vescovi, i parroci e l'organizzazione monastica. I Benedettini favorirono il lavoro dei campi, la bonifica di terre acquitrinose e incolte, arginarono i fiumi, recintarono i boschi, scavarono canali, ararono e dettero il pane ai contadini e alle loro famiglie.

Le ultime invasioni del IX-X secolo, però, di ungheri, arabi, normanni, incrementarono motivi di precarietà le cui ripercussioni gravarono sull'Italia in cui diminuì la natalità, aumentarono le malattie, le epidemie (peste, febbri dissenteriche, malaria) e la vita fu di breve durata – si superarono raramente i 40-50 anni – pessime furono le condizioni igieniche e di alloggio, mentre anche il cibo scarseggiò. Trionfò così la cucina povera e povera si mantenne l'alimentazione della maggior parte degli abitanti.

In tal poco lusinghiero quadro introdusse sensibili migliorie il Sacro Romano Impero con l'organizzazione del feudo. Con l'affermarsi dell'economia curtense e la rarefazione della moneta, le condizioni dei commerci languirono e la ricchezza fu racchiusa nel possesso della terra. Il sovrano che ne fu proprietario la dette quindi in *uso* o in *beneficio* ai suoi *fideles* che la ricevettero in *feudo*. Il concessionario del bene – il *vassallo* – fu legato al concedente da un particolare rapporto sociale denominato *vassallaggio*. Il *vassus* divenne *homo* ovvero *fedele* del suo signore, al quale dovette giurare fedeltà prestandogli l'*homagium*. Altra caratteristica importante del feudo fu l'*immunità*, forti della quale i fedeli furono garantiti dalle interferenze altrui nelle terre loro affidate. In tal modo si creò un ordinamento che dette una relativa sicurezza economica e sociale a quanti ne fecero parte. Ciò rese più forte il potere imperiale che difese con le armi, il suo prestigio e i sudditi. I *grandi vassalli* furono tra gli altri i conti, i marchesi o feudatari di frontiera e i vescovi. Alle loro dipendenze si posero i *valvassori* o feudatari minori. Seguirono poi i *milites*, i *cavalieri* senza feudo, i magistrati, i commercianti, gli artigiani, i religiosi e, infine i contadini e i servi. Si formò allora una società di tipo piramidale al cui vertice si pose l'imperatore padrone di tutto, artefice della fortuna e della disgrazia dei suoi sudditi, della loro vita e della loro morte. Con il tempo, per rafforzare il sistema, l'imperatore rese ereditari i feudi maggiori i cui proprietari furono più legati alla corona e pronti all'obbedienza (Capitolare di Quierzy, promulgato da Carlo il Calvo nell'877). Tale concessione tuttavia rafforzò il potere dei maggiori detentori di feudi ma scosse l'equilibrio della base, che chiese pari trattamento rispetto ai grandi vassalli troppo potenti. Si moltiplicarono pertanto le tensioni sociali fino a quando, quasi due secoli dopo, fu concessa l'ereditarietà dei feudi minori (Capitolare di Corrado II il Salico del 1037). Pur tra squilibri tale articolazione assicurò tuttavia per secoli un sistema consono alle esigenze dei tempi e capace di conferire una certa solidità e sicurezza sociale. La dissoluzione del feudo, la nascita dei Comuni e delle monarchie nazionali (XI-XII secolo) accelerarono la crisi del feudalesimo e, mentre per secoli s'era affermato il principio della maggior sicurezza della vita nelle campagne e della partecipazione al feudo laico o ecclesiastico, in conseguenza della ereditarietà e della frantumazione terriera, si generò una nuova tendenza volta all'abbandono dei campi e al ritorno nelle città.

Servi, contadini, artigiani si riversarono nei centri abitati ove, alla fine dell'XI secolo, nacquero i Comuni in cui sempre più si cercarono sicurezza e lavoro. La rinascita delle industrie e dei commerci consentì allora la formazione di una nuova classe sociale costituita in prevalenza di *negotiatores*, i mercanti, che con la prosperità acquistarono nuova coscienza di sé, connessa a una nuova pratica della cosa pubblica. Così i *milites* e i mercanti formarono il ceto dei *boni homines*, le categorie emergenti che, coordinate dal vescovo o dal conte, amministrarono le città. La prima magistratura comunale assunse il nome di *Consolato*, di qui la nascita del Comune consolare (Padova 1139, Parma 1149, Pisa 1081, Siena 1085, Arezzo 1098, Genova 1098, Milano 1081). Nel nuovo ordinamento il potere risiedette nel *Parlamento* o *Arengo*, l'assemblea generale dei *cives*, ovvero di tutti i cittadini dotati di poteri pubblici. Il *Parlamento* nominò i *consoli* assistiti nelle funzioni governative da un ristretto *Consiglio di anziani* detto pure di *Credenza*. Alle origini il Comune fu dominato dai nobili, mentre da ogni carica venne escluso il *populus* dei salariati, dei coloni, degli artigiani residenti nel *suburbio*, alle porte della città. Con l'aumentato potere delle popolazioni i Comuni ebbero bisogno di più terreni, così conquistarono i vecchi *Comitati*, incontrando la resistenza dei *Capitanei*. La richiesta di maggiori *libertates* non significò che il nuovo ordinamento rifiutasse gli imperatori o i vescovi, ma che emerse l'esigenza di chiedere loro la autonoma scelta dei magistrati e la possibilità di regolamentazione del potere sovrano o *regalia jura*. Dopo i primi decenni, all'interno nacquero tensioni sociali tra gruppi di potere cittadini e si rese pertanto necessaria la nomina dei *podestà* forestieri, estranei agli interessi comunali (XIII-XIV secolo). Inoltre, fino a che i ceti minori furono esclusi dal Comune, al *Governo delle arti* si contrappose l'organizzazione delle *Corporazioni artigiane* che poi entrarono nell'amministrazione con l'elezione del *capitano del popolo*, spesso nominato in contrasto con il *Comune majus* governato dal podestà. Il *capitano del popolo* ebbe funzione antimagnatizia sino a che la sua nomina a vita non condusse alla formazione della *Signoria*.

Nella seconda metà del XIV secolo i Comuni italiani che rappresentarono complessivamente un momento di grande progresso politico, economico e sociale, in seguito alla crisi introdotta dalla peste, dall'assenza degli imperatori e dalle trasformazioni in atto nella Chiesa, accumularono insicurezza e tensioni sociali. A Firenze nel 1378 si scatenò il tumulto dei Ciompi. Negli anni precedenti simili sommosse si ebbero a Perugia e Siena, mentre le campagne calabresi furono insanguinate da una guerra antiaragonese. A Parma e nel Pistoiese, fra il 1385 e il 1455 si scatenarono movimenti insurrezionali. Forse è difficile parlare per quei tempi di un'acquisita coscienza di classe dei lavoratori che però, quando poterono, furono decisi a far valere i loro convincimenti pure se non furono sempre consapevoli della loro forza e dei loro diritti. Anche i ceti abbienti fra il '300 e il '400 conobbero momenti difficili, superati dalla certezza che fosse necessario alla loro affermazione aumentare l'impiego dei capitali di cui disponevano per incrementare i loro affari e per la costruzione di nuovi palazzi gentilizi, situati nelle città e nei poderi suburbani. Speculazione e corsa agli investimenti, i conseguenti fallimenti – si pensi al crac delle banche dei Bardi e dei Peruzzi – contraddistinsero quell'epoca tardomedievale di mutamenti e di vivacità politico-sociale ed economica. Fino a quando l'impalcatura comunale, poi signorile e principesca, sorresse tale sviluppo spontaneo e privo di programmazione, la penisola conobbe, nonostante la crisi politica, un generale progresso. L'ingresso della Francia e della Spagna nella vita italiana e la perdita dell'indipendenza determinarono anche quella del benessere economico, mentre gravi squilibri, soprattutto nel Mezzogiorno, generarono dissesti irreversibili.

9. *Emilia-Romagna*

L'estensione della provincia romana dell'Emilia fu stravolta dall'invasione longobarda. I bizantini difesero prevalentemente Bologna, Modena cadde in rovina e risorse solo con Liutprando. Poi la sconfitta di Astolfo e la donazione delle terre bizantine da parte di Pipino al papa, sottrassero ai longobardi Bologna. Successivamente, quando l'Impero si affermò, Bologna e la Romagna furono trattate con maggiore attenzione e solo le rinunce di Ottone IV (1201) e di Federico II separarono dall'Emilia, la Romagna e Ferrara, date al papa. In età longobarda furono prosperi i ducati di Piacenza, Parma e Reggio oltre a Bologna e Imola, mentre vennero fondati i monasteri benedettini di Bobbio e Nonantola. Con Carlo Magno i ducati, divenuti Comitati, rafforzarono la potenza della famiglia dei Supponidi. Furono istituite scuole pubbliche di carattere giuridico, grammaticale e letterario. Mentre nell'XI secolo emerse per l'insegnamento delle lettere Parma, ove si formò anche Pier Damiani.

Col decadere dell'Impero carolingio e durante il Regno italico le città passarono dai conti ai vescovi che le difesero dagli ungheri. Con il X secolo e con il successivo, accanto alla prevalenza vescovile, emerse la potente famiglia dei Canossa. Adalberto Atto rese ampi servigi ad Adelaide di Borgogna accogliendo la profuga nella rocca canossiana; così Adelaide, divenuta consorte dell'imperatore Ottone I, conferì a Adalberto i comitati di Modena e Reggio. Da allora la politica canossiana mirò ad allargare la sua potenza su Parma, Piacenza, Mantova, Ferrara, Brescia. Tale famiglia costituì il centro della vita dei riformatori ecclesiastici nell'XI secolo e si contrappose a Cadalo di Parma (antipapa Onorio II nel 1061) e poi a Guiberto di Ravenna (antipapa Clemente III nel 1080-1100) mentre con Matilde sostenne Gregorio VII, tentando di favorire l'accordo fra quest'ultimo ed Enrico IV, in particolare con l'incontro di Canossa (1077). Nel XII secolo le città emiliane si rafforzarono a spese dell'imperatore e parteciparono alla I e alla II Lega lombarda. Modena, Parma, Reggio, Cremona e Piacenza furono però imperiali, tanto è vero che il primo sintomo della sconfitta ghibellina si ebbe con la caduta di Parma. Le lotte tra città e partiti all'interno delle amministrazioni comunali, pur consentendo lo sviluppo economico e culturale dell'Emilia, introdussero una serie di conflitti sfociati con il XIV secolo, nella divisione della zona fra due famiglie: quella dei Visconti e quella degli Estensi che nel XV secolo si rafforzarono entrambe. La Romagna, dopo il crollo della dominazione bizantina, ebbe a lungo una condizione incerta, nonostante le donazioni di Pipino e Carlo Magno le conferissero una collocazione papale che le fu riconosciuta nel XIII secolo da Rodolfo d'Asburgo (1278). Fino al 1503 pertanto, nonostante la presenza di numerose Signorie, la Romagna restò di diritto terra del papa.

BOLOGNA. Bizantina poi longobarda, dovette il suo sviluppo al vescovo Petronio che vi governò agli inizi del V secolo e rifulse appieno quando riuscì a costituirsi in Comune indipendente, lottando contro l'imperatore. La costituzione del Comune bolognese, simile a quella di altri Comuni della regione, poggiò su due o quattro consoli, sul Consiglio maggiore e sul Parlamento o Assemblea generale. Più tardi divenne amministrazione podestarile. Con l'affermazione del Comune nel XII secolo scoppiarono le contese tra i due partiti dei Geremei e dei Lambertazzi, i primi ghibellini, guelfi i secondi. Il '200 è il secolo più glorioso del Comune bolognese, ampliatosi culturalmente e urbanisticamente tanto che la felsinea fu la prima città italiana a proclamare la liberazione dei servi con la famosa «riformagione» *Paradisus* del 1256. Prospera e ricca di torri, palazzi e chiese celebri, essa presentò segni di decadenza quando, in seguito alla rinuncia di Rodolfo d'Asburgo, divenne una Legazia papale. La fondazione dello «Studio», fissata al 1088, ne fece uno dei centri della cultura europea.

FERRARA. I primi documenti ferraresi risalgono ai longobardi, mentre il ducato fu fondato nella seconda metà del secolo VIII e, dopo la caduta di Desiderio (774) passò all'arcivescovado di Ravenna. Dal X secolo Giovanni XV assegnò la città a Tedaldo di Canossa e la contessa Matilde riconquistò con le armi quel dominio che rimase dall'XI secolo Comune autonomo. Ciò non impedì tuttavia un suo progressivo inserimento nell'orbita della famiglia degli Atti o Estensi, che nel XIII-XIV secolo, se ne appropriarono. Dal 1332 la città fu inscindibilmente legata agli Estensi e, divenuta capitale del ducato, ebbe un'epoca di splendore. A metà del '400 la corte ferrarese offrì ospitalità a letterati, dotti e artisti, inaugurando un periodo in cui la munificenza e la lungimiranza degli Estensi resero gloriosa in tutta Europa la rinascenza ferrarese.

MODENA. Centro fortificato dei romani passò da un'invasione all'altra in un progressivo degrado. La lenta ripresa cominciò fra l'VIII e il IX secolo ad opera dei vescovi. Divenuta Comitato canossiano, rimase a Matilde sino alla sua morte (1115). Nell'età comunale aderì alla Lega lombarda (1168) e poi all'Impero con Federico II. A fine '200 divenne estense e, tranne brevi intervalli, tale restò fino alla guerra della Lega di Cambrai (1508).

PARMA. Prosperò in età teodericiana e bizantina ma decadde con Totila. Gastaldato con i longobardi divenne città vescovile, retta da presuli di prestigio. Nell'XI secolo, spesso in dissenso con Roma, elesse antipapi, Onorio II e Clemente III. Con il Comune vide in lotta guelfi e ghibellini: nel 1248 batté Federico II. Nel 1322 passò alla Santa Sede e poi, politicamente instabile, a Giovanni di Boemia, alle famiglie dei Rossi e dei da Correggio, dei Visconti e degli Sforza.

PIACENZA. Conquistata da goti, bizantini e longobardi, divenne città vescovile e poi Comune, dominato fino all'XI secolo dell'aristocrazia dei Capitanei. Al seguito di Enrico IV fu teatro di scontri con i Gregoriani di cui fu vittima anche il vescovo Bonizone da Sutri (1088-1090). Nel XII secolo fece parte della I Lega lombarda e partecipò alla battaglia di Legnano (1176), fu poi contro Federico II che, dopo la vittoria di Cortenuova (1237), si vendicò della sua posizione antimperiale. Con l'avvento dei guelfi (1266) ebbe una notevole ripresa e si considerò possesso della Chiesa, quindi dei Visconti (1313), che la aggregarono alle sorti di Milano sino al 1447, e degli Sforza.

RAVENNA. Periodo importante della sua storia fu quello della decadenza dell'Impero d'Occidente fino a Carlo Magno. Nel 402 Onorio vi trasportò la capitale dalla debole Milano e Ravenna dominò il passaggio fra nord e sud della penisola, ricevendo dal mare aiuti bizantini. Nella guerra gotica, di fronte all'avanzata di Belisario, Vitige vi si trasferì, riportando effimeri successi. Nel 554, Giustiniano vi collocò la prefettura d'Italia e la sede dell'esarca. Con la lotta longobarda, per conseguire i possessi dell'esarcato e della Pentapoli ebbe funzione mediatrice fra la Longobardia e il papato. L'esarca ottenne carica e autorità di sovrano nonché titolo di *patricius* e fino all'VIII secolo fece prosperare la città, emporio marittimo del centro-nord e concorrente di Venezia al suo affermarsi. A metà del secolo VIII, invano papa Zaccaria tentò di sottrarla al suo destino, nel 751 poi fu conquistata dal longobardo Astolfo. Con la fine della dominazione bizantina la funzione storico-politica di Ravenna era conclusa. Nel 756 essa passò al papa e, tramontato l'esarcato, venne governata dagli arcivescovi che ne assorbirono territori e sostanze, mentre al pontefice mancarono la forza e il personale per conquistare di fatto quell'importante posizione. Gli arcivescovi – si pensi al grande Agnello – furono forti durante il periodo carolingio e il Regno italico. Nell'XI-XII secolo gli imperatori Enrico III, Enrico IV e Enrico V si servirono di Ravenna e della fedele Romagna per contrastare Roma durante la lotta per le investiture e così riempirono le chiese e le abbazie locali di importanti privilegi (ricordiamo fra gli altri quelli conferiti alla pregevole abbazia di Pomposa). La Chiesa e i papi a loro volta dettero grande importanza all'arcivescovato ravennate che non vollero abbandonare all'Impero. Tale situazione conferì alla metropoli e alla zona ampie possibilità di sviluppo, ridottesi dopo il Concordato di Worms (1121). Da allora Ravenna fu dominata dai papi e, di fatto, dagli Ubertini, dai Dusdei, dagli Anastagi e dai Traversari. Con il 1276 i pontefici controllarono l'ex città esarcale che subì il predominio della famiglia da Polenta, la cui rinomanza è connessa all'ospitalità da loro offerta a Dante Alighieri che ivi morì nel 1321.

REGGIO. Ducato di confine con i longobardi e comitato carolingio, entrò in orbita canossiana nel 961. Nel 962 divenne Comune vescovile con Ottone I. Tra i Comuni aderenti alla I Lega lombarda e partecipanti alla pace di Costanza del 1183, subì un'inversione di tendenza con Federico II. Mantenutasi ghibellina per tutto il '200 passò alla signoria estense nel 1290 con Obizzo d'Este, poi ai Fogliani e agli Scaligeri che nel 1371 la vendettero a Bernabò Visconti. Tornata agli Estensi nel '400, vi restò fino al 1797.

RIMINI. A lungo bizantina, seguì la sorte di Ravenna e della Pentapoli. Conquistata da Liutprando e annessa ai domini longobardi, passò poi ai franchi, quindi alla Chiesa. Nella seconda metà del X secolo da Ducato cambiò in Comitato imperiale. Nel secolo XI fu affidata alla magistratura locale del *Pater Civitatis*, nel secolo successivo trasformatasi in cognome familiare, ossia in quello dei Parcitadi. Comune consolare già nel 1158, commerciò e guerreggiò con città vicine e più lontane, in particolare con Cesena e Pesaro. La fazione ghibellina (XIII secolo) si identificò nella famiglia dei Parcitadi, quella guelfa nei Malatesta che, a fine '200, diventarono signori con Malatesta il vecchio, morto ultracentenario nel 1312. Gli successero i figli Gianciotto, Paolo il Bello e Malatestino dall'occhio (personaggi che rinveniamo in Dante il quale cantò, idealizzandola, la drammatica vicenda amorosa che legò quella casata ai Da Polenta di Ravenna, di cui fece parte la sventurata Francesca). Ai Malatesta, nel '300 e nel '400 i pontefici concessero il vicariato su ampie zone marchigiano-romagnole. Negli anni del dominio di Sigismondo, a causa della guerra dichiaratagli da Pio II, i domini malatestiani si ridussero alla sola Rimini (1463), alla stessa famiglia appartenuta fino al 1503, allorché passò ai Borgia, poi a Venezia.

SAN MARINO. Desiderosa di autonomia e maldisposta a riconoscere Signorie e dirette forme di potere vescovili, comitali, pontificie o imperiali, divenne nei secoli simbolo di libertà. Nota la tradizione che volle verso la metà del IV secolo d.C. rinvenirvi la presenza del tagliapietre Marino che, proveniente da Arbe, approdò a Rimini partecipando al restauro delle mura e del porto. Salito da questa città al monte Titano per rifornirsi di macigni e pietre, dopo un certo tempo, vi si stanziò seguito dai compagni di mestiere che ripararono con lui nello speco del monte, per abbracciare la vita eremitica. Dal IV al X secolo questa comunità si trasformò in *vico*, poi in *pieve* e in città fortificata, adottando, durante la lotta delle investiture, ordinamenti di libero Comune consolare, con un suo statuto, giunto a redazione definitiva nel '200. Insidiata dai vescovi di Rimini e di Montefeltro, bersaglio dei Malatesta di Rimini e aiutata dai Feltreschi, signori di Urbino, riuscì a mantenersi indipendente. Assunto il nome di repubblica, concluse fra il 1460 e il 1463 un trattato di alleanza con Pio II e con Federico, duca di Urbino, contro Sigismondo Malatesta e da allora la repubblica venne sempre considerata nel novero degli Stati italiani.

10. *Leggi e giustizia*

Nel corso dei mille anni fra il 476 d.C. e la scoperta dell'America, l'Italia non conobbe lo sviluppo di ordinamenti giuridici unitari. Spezzata dall'urto delle invasioni e irrimediabilmente divisa dall'inizio della dominazione longobarda (568), essa ricevette istituti e leggi molteplici, nati da esigenze diverse e diversamente applicati, ciascuno con una propria storia. E tuttavia la penisola restò *terra di diritto* e la base su cui si articolarono norme e consuetudini diverse fu ancora il diritto di Roma, rimasto fondamento e certezza su cui le successive articolazioni giuridiche presero corpo. Certo la fine dell'Impero d'Occidente pose grossi problemi. Bisanzio rimase l'erede delle romane leggi, come attestano il *Codex Theodosianus* del 438-439 e, nel secolo successivo, il grande *Codex* di Giustiniano che in pochi decenni, fra il 533 con il *Digesto* e le *Novelle costitutiones* del 565, dette luogo a un mastodontico riordinamento di tutto il materiale prodotto dai giuristi romani nei secoli precedenti.

L'introduzione del *Codice Giustinianeo* in Italia costituisce un problema complesso di cui sarebbe difficile dire in breve. Comunque, almeno una prima data si può proporre come vero e proprio *terminus*, ovvero la *Prammatica Sanzione* del 554 con cui la penisola – riconquistata per breve tempo dai bizantini – accoglieva nella sua accezione più attuale il diritto che in Roma aveva visto in precedenza la luce. Tuttavia il ritorno di Costantinopoli fu effimero e con il 568 e la discesa dei longobardi si iniziò un periodo complesso e drammatico per la legge e le sue applicazioni. I vari dominatori introdussero le fonti del loro diritto: lo attestano la *lex romana Wisigothorum* e la *lex romana Burgundionum*. Teoderico con il suo *Edictum* intese offrire una *lex* nata dallo *ius edicendi* conferitogli dall'imperatore d'Oriente di cui si considerò *Magistratus*. Ma la rottura giuridica fu consumata dal corpo delle norme elaborate dai longobardi i quali, dopo più di settant'anni dal loro arrivo nella penisola, pubblicarono l'*Editto* uscito sotto il nome di Rotari, emanato il 22 novembre 643, la più completa delle legislazioni barbariche in cui si condensò la somma delle leggi, il cui significato fu quasi totalmente legato alla cultura e alla civiltà germanica. Il complesso della legislazione longobarda si svolse in poco più di un secolo e Grimoaldo, Liutprando, Rachi e Astolfo completarono l'opera impostata nel primo Editto rivolto ai sudditi italici e longobardi, specialmente per l'ordine pubblico. Con il che si ricorda che i longobardi, seppure durante il primo secolo della loro dominazione sopraffecero quasi interamente gli sconfitti, di essi tuttavia intesero la grandezza civile e politica. Tanto è vero che, intenzionati a lasciare una traccia durevole della loro competenza giuridica, i vincitori usarono la lingua latina e dovettero fare i conti con il diritto romano.

Con la fondazione del Sacro Romano Impero e la sua breve unità politica si conquistò l'amplificazione del principio della personalità del diritto e si dette così vita a una serie di *Capitolari* alla cui osservanza furono obbligati i sudditi dell'Impero. Accanto agli altri, tuttavia, il

Capitulare italicum presentò la necessità di articolare la legge in modo diverso a seconda delle terre e dei popoli cui si rifaceva. Nacque con ciò il *Diritto Comune*, volto a venire incontro alle esigenze peculiari e autonome dei singoli popoli e, tanto per cominciare, di quello italiano. Nel II millennio accanto alla fioritura del diritto civile, si dovette registrare lo sviluppo dell'ordinamento giuridico della Chiesa.

Fra l'XI e il XII secolo si ebbe una prima sistemazione di cui furono esempio la *Lex romana canonice compta*, la *Collectio Anselmo dedicata*, il *Decretum di Burcardo*. Inoltre, si registrò una notevole elaborazione normativa con le collezioni di Anselmo da Lucca, del cardinale Deusdedit, di Bonizone da Sutri. Pose in tal modo le sue basi il *Diritto canonico*. Diritto romano e *Auctoritas Ecclesiae* furono così punti di riferimento della vita giuridica italiana, suddivisasi in tre grandi zone di influenza: la lombardo-toscana, la romano-ravennate, la meridionale. Nella prima si racchiuse soprattutto l'autorità del diritto longobardo e nella seconda di quello romano a causa dei legami fra la Chiesa e l'Impero bizantino. La terza si presentò, secondo l'affermazione di Francesco Calasso, come una sorta di caleidoscopio, ove accanto al diritto romano-bizantino si registrò l'influsso delle zone della Longobardia minore, accompagnato dalle infiltrazioni saracene provenienti dalla Sicilia.

Fino al X secolo in Italia fiorirono molteplici scuole del «giure», a Roma – la sede fu collocata nei pressi dei mercati traianei e vi convennero grammatici e giurisperiti di tutta la penisola – poi a Ravenna, Milano, Pavia, Verona. Con l'XI-XII secolo si ebbe invece il sistema del *Diritto Comune* che dette luogo a un vero rinascimento giuridico. Centro di tale rinascita furono le università collegate con lo sviluppo della civiltà comunale. Le *Universitates* si fondarono talvolta su preesistenti scuole vescovili ma crebbero presto autonomamente quali associazioni internazionali di professori e studenti, costituite secondo schemi quasi identici a quelli su cui crebbero le corporazioni delle arti. L'Ateneo bolognese (anzitutto con Odofredo, Pepone, Irnerio, Azzone e la gloriosa scuola dei glossatori, poi con i civilisti, i canonisti e i commentatori del XIII-XIV secolo) e pure l'Ateneo pavese, divennero famosi per lo studio del diritto e ivi si prepararono i giuristi destinati a formare una superiore cultura laica, non più legata alle strutture ecclesiastiche e volta allo sviluppo della vita civile dei Comuni, poi delle Signorie e dei Principati.

La *Legislatura statutaria dei Comuni* costituì un fenomeno vasto: *Statuti corporativi* delle arti, *Legislazione statutaria monarchica* dell'Italia meridionale, *Statuti marittimi*, divennero tutti aspetti di una originale elaborazione collegata allo sviluppo della società, dell'economia e della cultura fra l'XI e la prima metà del XIV secolo che in Italia formarono un lungo periodo di progresso della vita giuridica.

Federico II con il *Liber Augustalis* del 1231, dette luogo a un sistema legislativo fra i più vasti e complessi d'Europa. Come era naturale, tale insieme di studi originò una gloriosa tradizione di giudici e di tribunali competenti e giusti che consentirono spesso di salvare l'imputato garantito dalla molteplicità delle leggi, talvolta in contrasto fra loro e, quindi, applicate per soccorrere il presunto reo. Gli avvocati furono fra i più celebri dell'Occidente per la loro dottrina e l'uso della giurisprudenza. Ciò consentì allora che i processi si celebrassero con equilibrio rispetto ad altre zone del continente e, se ciò non mitigò le pene severe, in particolare la condanna alla pena capitale, e non migliorò la condizione dei prigionieri e degli esiliati, dette la consapevolezza di un uso non spregiudicato e non preconcetto della legge, illuminata a volte da uno spirito umano, che rendeva accetti i verdetti e le decisioni celebrate dalle assise.

11. *Sardegna e Corsica*

Più che in altre terre italiane nella Sardegna, presto abbandonata anche dall'Impero d'Oriente, apparvero gravi le ripercussioni della dissoluzione imperiale e dell'età barbarica. Si dispersero le popolazioni e si distrussero le città. L'unica autorità rimasta in vita fu quella ecclesiastica e Gregorio Magno tentò il primo riordinamento dell'isola. Più tardi Benedettini cassinesi, Camaldolesi e Vallombrosani, fondarono lì monasteri e chiese che resero il pontificato determinante nella vita sarda e i vescovi grandi proprietari. Ma anche il papato era lontano e, per vincere i saraceni, si affermò una autorità militare e civile in Cagliari, con il nome di *arconte*, *console*, *duca* poi *giudice*, nonché di funzionari preposti alla difesa delle circoscrizioni isolane denominate *giudicati* di Cagliari, Arborea, Logudoro e Gallura in cui la Sardegna si presentò divisa dopo il Mille. Tra l'XI e il XII secolo Pisa e Genova cominciarono a contendersi influenza e basi commerciali nell'isola; con il 1205 si inaugurò il dominio di Lamberto Visconti pisano in seguito alle sue nozze con Elena di Gallura. Lamberto divenne giudice e si affermò anche nel Logudoro. Tra contese e guerre vi fu un'alternanza di potere di volta in volta spartitosi fra pisani e genovesi. Verso la metà del '200 Pisa parve padrona assoluta del Cagliaritano, mentre nel Logudoro e nell'Arborea prevalse Genova. Federico II, nell'intento di affermare i diritti imperiali sulla corona, fece concludere un matrimonio tra Adelasia di Gallura e suo figlio Enzio di Antiochia. Quest'ultimo però abbandonò la sposa e, tornato nella penisola, nominò dei vicari. Adelasia con l'aiuto di papa Innocenzo IV ottenne il divorzio da Enzio (1249). Federico II mosse guerra alla Sardegna dove, dopo il 1250, continuarono gli scontri fra genovesi e pisani. In seguito alla sconfitta della Meloria anche in terra sarda tramontò la potenza di Pisa, mentre si rafforzarono i Doria e, in genere, il Comune genovese. Durante queste guerre Bonifacio VIII, per affermare la sua autorità sovrana, infeudò la Sardegna e la Corsica a Giacomo II di Aragona e, dopo la morte di Enrico VII, gli Aragonesi si inserirono gradualmente nell'isola. Da principio la Sardegna sentì gli effetti negativi della nuova dominazione e le città persero la loro autonomia. Sassari ribellatasi tre volte (1324, 1325, 1329) fu domata nel sangue. Genova resisté e tornò all'attacco. Nella seconda metà del '300 Pietro IV riordinò l'amministrazione dell'isola pensando di averla pacificata, ma i sardi nella seconda metà del secolo ripresero la lotta contro gli Aragonesi, cercando l'appoggio degli Angioini, mentre Eleonora d'Arborea avviava intese con Genova. Per domare la fiera giudichessa, Pietro d'Aragona tenne in ostaggio il suo consorte, inviato quasi prigioniero con una spedizione contro la Sardegna. Per riavere il marito Eleonora chiese la pace nel 1388 ma subito riprese le armi conquistando Sassari, la Gallura, Alghero e Cagliari. Durante i preparativi della guerra essa predispose la *Carta de Logu* fondamentale regolamentazione del diritto pubblico, privato, penale e civile. La morte di Eleonora (1404) e i reiterati assedi aragonesi dominarono la storia sarda del primo '400. Nel 1420 Alfonso entrò nell'isola espugnandone gran parte. Oristano rimase in armi e le operazioni militari durarono fino al 1474. La caduta di Cagliari, la sconfitta di Macomer e delle truppe d'Arborea portarono all'occupazione di Oristano e dell'intera terra sarda.

Unita alla sorte della Sardegna quasi sempre compare quella della Corsica, anch'essa sottoposta a invasioni di vandali, goti, bizantini, longobardi, franchi. Assalti e distruzioni furono anche qui mitigati dalla presenza della Chiesa dotata di cospicui beni. Esposta alle incursioni saracene, nel IX-X secolo la Corsica fu liberata dai lucchesi poi dai pisani e dai genovesi. Gregorio VII, rivendicata la sovranità sull'isola, la cedette a Pisa che la mantenne interamente fino al XII secolo, allorché Innocenzo II non conferì al vescovo di Pisa i vescovati di Ajaccio, Sagona e Aleria e quelli di Accia, Mariana e Nebbio al vescovo di Genova (marzo 1133). Da allora Genova ebbe il sopravvento sui pisani e dominò sull'isola impoverendola secolarmente sino a che non ne concesse lo sfruttamento a una Maona (1378). I corsi, fieri e desiderosi di autonomia ebbero un sostenitore dei loro diritti in Sambucuccio d'Alando, promotore di una federazione di città e *pievi*. Genova allora perse a tratti il potere sull'isola passata a Milano, quindi agli aragonesi di Napoli e ai francesi. A metà '400 in completa anarchia la Corsica fu acquistata dal genovese banco di San Giorgio che ne piegò la feudalità.

AJACCIO. La città è già ricordata da Gregorio Magno fra il 590 e il 604. Dominata dai pisani passò ai genovesi che trasferirono l'abitato a un chilometro e mezzo dal sito antico verso l'attuale ove, dall'aprile 1492, si sviluppò l'attività commerciale e civile del centro. L'iniziativa fu dei nobili Domenico Negrone, Gregorio Grimaldi e Damiano Luxardi.

BONIFACIO. La tradizione vuole che a edificarla fosse il marchese di Toscana che ne fece fino al XII secolo una piazzaforte rivolta contro i saraceni. Lungamente contesa e conquistata dai genovesi nel 1195, da essi ricevette statuti con libertà e franchigie, in vigore dal XIII al XVII secolo.

CAGLIARI. Dal IV secolo i suoi vescovi divennero metropoliti della Sardegna. Durante le lotte ariane Lucifero, sostenitore della confessione nicena, andò in esilio e scrisse le prime opere di un autore sardo giunte fino a noi. Cagliari fu occupata dai vandali poi da Giustiniano e dai bizantini. Oggetto di assalti saraceni cadde in degrado fra il VII e il X secolo, ma si riprese nel '200 dopo la costruzione del *castrum* pisano, divenuto in breve fortezza imprendibile. Durante le guerre fra Genova e Pisa, fra il 1280 e il 1284, fu teatro di battaglie navali tra galee pisane e genovesi. La vittoria di questi ultimi precedette quella della Meloria. Con Bonifacio VIII e l'infeudamento a Giacomo II d'Aragona, popolata di catalani e fornita di privilegi barcellonesi, Cagliari fu avamposto della dominazione spagnola. Prevalsero lingua, arte, usi iberici, mentre vennero ostacolate le relazioni con gli italiani. Sede del parlamento sardo del 1355 essa manifestò la sua vocazione centralizzatrice.

ORISTANO. Capitale del giudicato di Arborea si sviluppò soprattutto nei secoli XIII-XV (fino a quando rimasero assicurate l'indipendenza e l'autonomia del giudicato) per oltre un secolo e mezzo in contrasto con gli aragonesi. Da ricordare è il monumento eretto da quella città a Eleonora d'Arborea, insigne per la forza e la cultura delle leggi, che con la *carta de Logu* dette vita a una fonte di grande sapienza giuridica.

SASSARI. Modesta fino al XII secolo crebbe poi per divenire il centro più importante del giudicato di Torres, frequentato da genovesi e pisani che vi coltivarono cospicui interessi. L'influenza di Pisa non diminuì la sua autonomia di cui fu gelosissima fino a quando passò ai genovesi e agli aragonesi. Epiche furono le insurrezioni contro questi ultimi, duri repressori delle rivolte e costruttori del nuovo castello a cinque torri (1327-1331) volto a dominare la città. Tardi e senza entusiasmo Sassari si sottomise ad Alfonso V di Aragona.

12. *Toscana*

Devastata dagli alemanni e dagli ostrogoti nel V secolo, diventò nel VI teatro della guerra greco-gotica, cadde poi in mano ai longobardi con un ducato il cui centro fu Lucca, marchesato con Adalberto I (845-898). A metà del secolo XI il marchesato di Toscana andò agli Atti e nel 1052 risultò congiunto ai domini canossiani. Matilde di Canossa fu dunque signora anche di quella regione in cui si avvertirono le ripercussioni della lotta per le investiture. Con l'XI secolo le città toscane conseguirono le prime autonomie comunali e vaste opere di bonifica, segnatamente nella valle dell'Arno, ne trasformarono la situazione economico-sociale. Lotte feudali, nuovi tipi di contratti agrari spezzarono allora i latifondi e crearono la piccola proprietà, nacquero il podere e la mezzadria, base della prosperità locale. Allo stesso tempo si svilupparono come città mercantili e industriali Pisa, Lucca, Pistoia, Siena e Arezzo. Dopo il primato di Lucca fu la volta di Pisa, rivale di Genova. Con la disfatta pisana si ebbe la prevalenza di Firenze. Così, fra i secoli XI e il XIV, la Toscana, terra di conflitti fra papato e Impero, di affermazione dei Comuni poi delle Signorie, centro di sviluppo linguistico, culturale, civile e politico divenne il crogiuolo della futura Italia, tanto che ivi operando, Dante avvertì nettamente l'unità storica e morale degli italiani. Con il '400 e il Rinascimento la funzione storica e civile della Toscana rifulse in settori più vasti e con la Signoria Firenze donò un inestimabile apporto alla civiltà della moderna Europa che, dalla rinascenza italiana trasse parte non trascurabile della sua origine e della sua ragion d'essere. Se l'amore per l'arte e la cultura contraddistinse la Toscana e Firenze, quello per la libertà ne divenne caratteristica peculiare, tanto che il Comune fiorentino ebbe caratteri democratici, mantenuti fino alla seconda metà del '300 e conservò con una minacciata indipendenza, l'egemonia su tutta la regione. Così solo nel 1431 l'oligarchia cedette il passo alla signoria dei Medici che sviluppò energie di grande capacità politica, di moderno e saggio governo, di progresso culturale e artistico. La spinta verso la libertà, sul finire del Medioevo (1430-1530), portò Firenze a costituirsi per due volte in repubblica (1494-1512 e 1527-1530) e solo dopo l'assedio di Carlo V la città tornò stabilmente ai Medici (1530).

FIRENZE. Secondo il Villani, Totila distrusse Firenze mentre Dante attribuì quello *scelus* ad Attila. Alle porte della città Stilicone sconfisse i goti (405) quando ve li condusse Radagaiso; poi, come disse Procopio, essa fu centro della guerra greco-gotica con Totila. Prima ducato longobardo, divenne Comitato con Carlo Magno, ricordato anche come ricostruttore di Firenze e primo autore della sua rinascita culturale. Con il X secolo, poi con i marchesi di Toscana, in Firenze si rifletterono i grandi avvenimenti della lotta tra vescovi simoniaci e monaci riformatori, nonché della contesa per le investiture. La morte di Matilde di Canossa segnò il virtuale inizio del Comune e della costituzione di un governo cittadino che si oppose alla giurisdizione papale conseguente alla discussa applicazione del possedimento dei beni matildini, considerati appannaggio del papa. Il Comune combatté per la sua autonomia con gli Alberti e i Guidi fin dai tempi di Matilde. Poi a metà del XII secolo conquistò le terre fra l'Arno e l'Elsa e in tal modo in pochi decenni configurò una situazione economica prospera e, nel I secolo della sua esistenza, ebbe crescita ordinata e uno sviluppo legislativo coerente che fece vivere alla città il periodo poi mitizzato per la sua felice condizione anche da Dante Alighieri. La posizione decentrata escluse Firenze dai protagonisti della lotta contro Federico Barbarossa. Verso la fine del secolo, nel 1187, Enrico VI ne confermò con un diploma l'autonomia. Tra la fine del XII e gli inizi del XIII la città crebbe a spese dei Comuni vicini e passò dal governo consolare al primo podestà nel 1193 con Gherardo Caponsacchi e al podestà forestiero nel 1207. Negli stessi anni maturò in quel centro il dualismo guelfo-ghibellino con l'uccisione del giovine Buondelmonti e la rivalità degli Amidei che insanguinarono la Pasqua fiorentina del 1215. Da allora si moltiplicarono le guerre con Pisa, con Siena, con Pistoia, si affermarono il Comune maggiore col podestà e il Comune del popolo con il relativo capitano che difese le tradizionali libertà comunali contro i tentativi di dittature oligarchiche, mentre i fiorentini appartenenti ai ceti minori si ricomponevano nell'autorità delle arti, esautorando podestà e capitano, rimaste supreme magistrature ma forestiere. Comunque il *Comune del primo popolo* o *popolo vecchio* fu in piena crisi quando nel 1260, con la battaglia di Montaperti, si iniziò la riscossa dell'ultimo svevo che capovolse la situazione, cacciando per la seconda volta, dopo la prima del 1248, i guelfi e riportando gli esuli ghibellini in Firenze, fra cui primeggiò Farinata degli Uberti. Con il 1266 tramontò il ghibellinismo anche a Firenze ove trionfarono i papisti e i filoangioini e rientrarono fra le vecchie mura urbane i guelfi, già riaccoltivi in precedenza dopo la morte di Federico II. Ma la progressiva ascesa delle arti, l'appoggio delle organizzazioni popolari conseguente alla pacificazione del cardinale Latino (1280), aprirono la via al Priorato artigiano (1282). Il ceto magnatizio cercò di mantenere il primato nel governo, ma il popolo con l'aiuto di Giano della Bella reagì con la proclamazione degli *Ordinamenti di giustizia* che inserirono le arti, giuridicamente riconosciute come fatto politico e sociale, nella vita del Comune. Con il trionfo della parte popolare si affermò sul *Commune maius* il *Commune populi*. La direzione della cosa pubblica venne così affidata ai priori eletti dalle corporazioni, con carattere antimagnatizio. Quanti da allora parteciparono alla vita politica si iscrissero alle arti. Anche Dante fece parte dei *medici e speziali* e fu priore nel 1301. Le suddette arti si divisero in maggiori (giudici e notari, medici e speziali, calimala o industria dei panni, cambio, lanaioli, setaioli e vaiai o pellicciai) e minori (fra cui i *Ciompi* o *scardassieri*, i più umili lavoratori dell'arte della lama). Il governo delle arti segnò il trionfo del *Popolo grasso*, rimasto al potere fino 1378. Nel '300 i fiorentini si divisero in *Bianchi* capeggiati dai Cerchi, guelfi moderati, e *Neri* capeggiati dai Donati intransigenti e legati agli aristocratici. Con il sopravvento dei *Bianchi*, Dante e Dino Compagni furono priori del Comune. Nel 1301 prevalsero i *Neri* con l'aiuto di Bonifacio VIII e Carlo di Valois che dettero luogo all'esilio dell'Alighieri. Ai rivolgimenti interni fecero seguito le conquiste all'esterno: nel 1289 quella di Arezzo (battaglia di Campaldino), nel 1305 quella di Pistoia. Contro i ghibellini nel 1315 Firenze fu vinta a Montecatini da Uguccione della Faggiola e ad Altopascio da Castruccio Castracani (1329), signore di Lucca. La crisi successiva e il fallimento dei banchieri Bardi portò al primo tentativo di signoria di Gualtieri di Brienne cui seguì la repubblica oligarchica (1342-1343). Altro momento di crisi si verificò con la guerra degli Otto santi. Si ebbe allora la rivoluzione del popolo minuto con il *Tumulto dei Ciompi*, capeggiati da Michele di Lando che inserì nel Comune le arti minori. Nel 1382 si ricostituì il Comune con Cosimo il Vecchio dei Medici. Nel 1406 Firenze conquistò Pisa e lo sbocco al mare. Nel 1433 venne al potere la famiglia degli Albizzi contro cui si schierarono i Medici. Cosimo fu esiliato ma richiamato al governo nel 1434. Da allora la città fu sotto la signoria dei Medici e il più insigne rappresentante ne fu Lorenzo il Magnifico, signore, letterato e mecenate, dominatore della penisola come «ago della bilancia politica italiana». Lorenzo, giunto al potere alla morte di Piero dei Medici, successe a Cosimo. La famiglia dei Pazzi profittò della giovinezza dei figli di Piero, Lorenzo e Giuliano, per impadronirsi della città. Nel 1478 ebbe luogo la *Congiura dei Pazzi*. I due Medici vennero assaliti nel duomo di Firenze. Giuliano morì e Lorenzo, salvatosi, costituì un regime autoritario.

AREZZO. Nel 1098 elesse i primi consoli fiancheggiati da quaranta *boni homines*, dieci per ogni quartiere. Ebbe forte sviluppo nell'alta valle del Tevere, in Val di Chiana fino a Cortona, ma finì per scontrarsi con Firenze, tesa all'espansione verso Pisa e verso l'Umbria, che la vinse a Campaldino nel 1289. Nel XIV secolo Arezzo, venduta stabilmente a Firenze nel 1337, fu preda delle Compagnie di Ventura di

Fra' Moriale (1354), di Giovanni Acuto (1368) e di Giovanni da Barbiano (1381).

LUCCA. Centro della Toscana in periodo longobardo (568-774) essa lo fu anche come Comitato franco. Primo conte fu Bonifacio, sceso al seguito di Carlo Magno (812-823). I successori divennero arbitri del Regno d'Italia. Bonifacio II (823-839) fu prefetto di Corsica e, secondo la tradizione, edificò il *castrum* di Bonifacio. Vincitore dei saraceni, Adalberto I (845-898) diventò marchese di Toscana. Il marchesato passò poi agli Atti e ai Canossiani. Ai tempi di Matilde, di Gregorio VII e del vescovo Anselmo, la città fiorì politicamente e civilmente. Nel XII secolo fu di aiuto al Barbarossa nella sconfitta di Milano (1162) e rimase legata ai ghibellini anche con Enrico VI. A mantenerla forte contribuì poi la famiglia degli Antelminelli e nel XIV secolo Castruccio Castracani. La sua vittoria contro Firenze ad Altopascio (1325), la portò all'occupazione del Valdarno e all'affermazione della sua potenza sfaldatasi alla morte di Castruccio (1328).

PISA. Già affermatasi con i longobardi e durante il Regno d'Italia, con l'avvento dei saraceni incrementò la sua potenza marinara. La flotta pisana, al comando dei lucchesi, toccò le coste africane e nel X secolo dominò il Mediterraneo. La tradizione vuole che nel 1004, minacciata dai saraceni, Pisa fosse salvata da Cinzica de Sismondi. Nel 1015-1016, agli ordini di Benedetto VIII, liberò le coste spagnole, le Baleari, la Sardegna dal pericolo dei saraceni del corsaro Mughetto. Nel 1034 trionfò a Bona, in Africa; nel 1063 affiancò i normanni nella conquista di Palermo, innalzando, con il bottino di cui si era impossessata, la cattedrale, sulle cui pareti furono celebrate le imprese pisane. Intorno a questa potenza marinara in lotta contro l'emiro Tamim furono idealmente raccolti tutti gli italiani che piansero la fine di Ugo Visconti e la definitiva vittoria dei toscani parve vittoria di Cristo e di Roma di cui Pisa rinnovellò i fasti.

Partecipando alle Crociate, i pisani si arricchirono, conquistarono fondachi e colonie e nel 1188 l'arcivescovo Ubaldo Lanfranchi riportò da una spedizione un campione della terra del Calvario, collocata per l'ultimo riposo dei morti nel camposanto pisano. Un'altra crociata quella flotta vinse (1113-1114) contro i saraceni delle Baleari, esaltati dall'anonimo autore del *Liber maiorichinus*. Con queste e le successive imprese Pisa raccolse tesori e costituì un forte dominio, ebbe una flotta, uomini di mare potenti in Oriente e non v'era porto ove non si fermassero legni pisani. Così tra l'XI e il XII secolo essa divenne un forte Comune consolare. Dall'ufficio di giudice il visconte fu già assente al principio del XII secolo e, dopo il 1153, si allontanò anche il gastaldo; pertanto l'autorità del Comune fu del vescovo. Accanto all'amministrazione comunale si svilupparono poi gli Istituti corporativi dei mercanti, primi quelli della lana, quindi di altre arti mediane e minori. Forte e temuta, nel XII secolo Pisa entrò in competizione con Lucca, Genova e Firenze. Dall'epoca di Gregorio VII ebbe legami saldissimi con la Corsica e da quella di Urbano II ebbe stretti rapporti con la Sardegna. Innocenzo II poi divise i diritti di primazia sui vescovadi corsi fra Pisa e Genova. Pisa fedele a Enrico IV e a Enrico V, lo fu anche al Barbarossa che aiutò contro Milano, dopo il 1155. In riconoscimento di tale sostegno l'imperatore accrebbe la giurisdizione pisana a nord fino a Portovenere e a sud fino a Civitavecchia. Enrico VI le donò poi la Corsica (1191) e Federico II assicurò i suoi commerci. In lotta con Firenze, Pistoia, Siena ed Arezzo, dopo l'attentato all'isola del Giglio (1241), si accrebbe la rivalità con Genova e alla battaglia della Meloria (1282) il porto genovese abbatté la repubblica pisana. Il declino fu immediato e dopo la speranza seguita alla discesa di Enrico VII, tramontò il sogno della resurrezione (1313). Oltre che per le sconfitte esterne Pisa decadde per le fazioni interne, cosicché nel XIV-XV secolo fu asservita alla politica fiorentina fin quando nel 1494, alla calata di Carlo VIII, non cercò la libertà sotto le bandiere francesi.

PISTOIA. A lungo longobarda dal V secolo fu importante sede vescovile. Alla fine dell'XI divenne Comune e tale restò fino al '300 tra i più forti di Toscana. Il suo sviluppo fu tuttavia compromesso da Lucca e da Firenze che nel 1306 la assediarono, spartendosene le terre. Vittima del contrasto fra Castruccio Castracani e Firenze, cadde sotto quest'ultima (1329) che la privò di ogni autonomia. Dopo un breve periodo di preminenza viscontea (1401) si avviò a decadenza, dilaniata dalle fazioni avverse dei Cancellieri e dei Panciatichi.

SIENA. Affermatasi nei secoli altomedievali, dopo il Mille crebbe come Comune vescovile sotto la cui tutela emerse. Al governo dei vescovi, il Consiglio generale sostituì poi i consoli nominati nel 1147. Nel 1158 Siena ottenne riconoscimenti da Federico Barbarossa e, sebbene in misura minore, anche da Enrico VI. Nel 1197 entrò tuttavia nella Lega guelfa di San Ginesio, venendo in rapporti con Firenze che condizionò la sua espansione e le negò gli acquisti nella Val d'Elsa. La forza, l'abilità e la considerazione degli imperatori furono gli elementi con cui i senesi, forti dell'aiuto di Manfredi, tennero testa a Firenze sconfitta nel 1260 a Montaperti, battaglia cantata da Dante che ricordò «l'Arbia colorata in rosso» dal sangue dei suoi concittadini. Nonostante il tramonto del ghibellinismo e l'avvento degli angioini Siena riuscì a svilupparsi e mantenersi ricca, adeguandosi alla nuova politica. Nel '300 essa fu con Firenze contro Lucca e Pisa, ma la guerra l'indebolì e la peste del 1348 fece il resto. Così da 70 mila abitanti ne mantenne appena ventimila.

VOLTERRA. Sede di Comitato, fu significativa come città vescovile affermatasi con i privilegi imperiali concessile da Enrico III (1052), Federico Barbarossa (1164-1185), Enrico VI (1189 e 1194). Pressoché ereditario il vescovato fu appannaggio della famiglia Pannocchieschi. Divenne poi Comune consolare e podestarile. Insidiata da Siena, Pisa e Firenze, nel 1254 quest'ultima inviò in Volterra un podestà. A lungo la città riuscì a sfuggire all'abbraccio mortale delle vicine. Nel 1361 infine, le sue magistrature cittadine vennero stabilmente occupate da Firenze e nel 1471 Lorenzo il Magnifico la conquistò, facendole perdere ogni autonomia.

13. *La lingua*

Numerose le città e molteplici le forme del potere politico affermatesi nel Medioevo italiano e multiformi altresì i dialetti la cui varietà e ricchezza culturale furono senza alcun dubbio superiori a quelli delle «parlate» fiorite presso altri paesi neolatini. Anche nella nostra penisola e nelle isole, accanto al mantenimento del vecchio latino impiegato dagli scrittori nelle varie manifestazioni culturali, religiose e amministrative si registrò infatti l'uso della lingua adoperata per quello che venne definito il *sermo rusticus cuotidianus* o *plebeius* da gente la cui preoccupazione fu quella di farsi comprendere e la sola urgenza quella di esprimersi in modo compiuto e immediato. Pertanto, pur se non mancarono esempi illustri di un latino medievale scritto, diverso da quello degli scrittori dell'età classica ma non meno vivo, complesso e capace di produrre opere di non comune bellezza e incisività, più presenti furono linguaggi nuovi, corrispondenti – come accennato – a quelli che usiamo denominare dialetti.

A un certo momento poi, mentre ancora persisteva l'utilizzo del latino in varie forme di scrittura, anche da noi, sebbene più tardi che nelle altre terre latine, in quanto il latino nato in Italia qui manifestò maggiori e più profonde radici, cominciarono ad apparire forme di volgare meno lontane delle ispano-francesi dalla lingua madre. Il nostro più antico esempio di carta in volgare è del 960: si tratta del cosiddetto *placito di Capua*, attestazione di una lite tra i possessori di talune terre e l'abate di Montecassino che le rivendicò per la sua abbazia. Del 1135 invece l'iscrizione sull'arco del coro nel duomo di Ferrara. Ma se queste due date sono considerate il *terminus* per l'inizio e la fine di un ciclo complesso con cui poté considerarsi nata la nuova lingua volgare, in realtà la nascita e lo sviluppo dell'italiano si effettuarono giorno per giorno, durante vari secoli, in base a un lungo divenire proprio di ogni lingua; e se fra il X e il XII secolo l'italiano cominciò a essere usato nella scrittura, ciò non significa che una ipotetica maturità sia stata raggiunta solo in quel periodo ma che solo allora la lingua, frutto di una nuova civiltà, acquisì pienamente coscienza della sua forza.

Ai primi esempi surricordati possono aggiungersene altri: un famoso indovinello veronese che allude all'atto dello scrivere. Nel secolo XII abbiamo inoltre la cantilena di un giullare toscano, poi la risposta di una popolana genovese in un contrasto del trovatore provenzale Rambaldo di Vaqueiras che le chiedeva amore. Da tutti questi esempi, da un insieme di opere dotte, didascaliche, poetiche, filosofiche, giuridiche, scherzose, popolareggianti, nacque la lingua letteraria italiana che fu il toscano o più propriamente il fiorentino arcaico e dotto. Come spesso succede quando si enunciano le definizioni, il loro valore non può considerarsi assoluto.

L'interpretazione che di tutto ciò possiamo dare è dunque che il dialetto elevato a vera dignità d'arte poetica da Dante Alighieri, il dialetto cioè di una città come Firenze, venuta ad ergersi politicamente, economicamente e civilmente oltre che culturalmente sulle altre fra il XII e il XIII secolo, un dialetto in cui confluirono con l'esempio fiorentino, il senese, il lucchese, il pisano – città anch'esse importanti a quel tempo – pure il romano, finì con l'imporsi per ragioni molteplici, geografiche, letterarie, sociali e politiche su tutte le altre parlate della penisola; anche su quelle che potevano vantare *exempla* di qualche rilievo: si pensi in proposito all'illustre vernacolo siciliano adoperato dai poeti del cenacolo augustale federiciano in Palermo, che costituirono la prima produzione poetica volgare, oppure alle opere di tradizione lombardo-veneto-emiliana, tutti precedenti di indubbio peso, non riusciti però a sbarrare il passo alla lingua letteraria di cui dicevamo.

Così fin dall'inizio, si pose il problema della toscanità o meno della nostra lingua e vi fu chi volle considerarla un dialetto impostosi sugli altri e chi, invece, volle individuarvi una lingua autonoma e originale. Nacquero insomma le teorie della *toscanità* e dell'*italianità*. In base a quest'ultima l'italiano sarebbe da considerarsi frutto dell'opera degli scrittori che, ciascuno con il personale gusto e la cultura tipica della parlata, avrebbero attinto in vario modo al proprio e agli altri dialetti in voga, creando così una lingua viva e originale. Su tale tesi – è noto – influì Dante Alighieri nel *De vulgari eloquentia* in cui, cercando il volgare «illustre, aulico, cardinale» – in altri termini una lingua capace di modellarsi con eleganza e di produrre risultati poetici – lo individuò al di là delle alterazioni dialettali. Ma Dante fece di più quando nel *Convivio* azzardò una profezia allorché, a proposito del volgare, contro il disprezzo dei dotti affermò: «questo sarà luce nova, sole novo, lo quale surgerà dove l'usato tramonterà, e darà luce a coloro che sono in tenebre et in oscuritade per lo usato sole che a loro non luce». La lingua italiana nella sua molteplicità e pluralità finì quindi per foggiare uno strumento unitario, uno di quelli essenziali che accanto alla religione, alla legge e alla cultura costituì – alla lunga – la base per l'unificazione della penisola. E tutto ciò pure se il vernacolo, a volte con vera e propria dignità di lingua, conferì all'italiano caratteristiche mantenutesi vitali nei secoli, per arricchire la bella, rotonda latinità di una lingua e per costituire la peculiarità di quello che venne denominato «il bell'idioma... gentil, sonante e puro».

14. *Umbria e Marche*

Nelle fonti medievali è difficile reperire precise distinzioni fra le Marche e l'Umbria, simili per territorio e complementari l'una dell'altra: il mare Adriatico costituì una notevole valvola di sfogo per le province appenniniche, per il folignate e Gualdo, per Gubbio, il perugino, Fermo e il fabrianese, zone articolate tutte sulle stesse strade di snodo e praticamente, nonostante la diversa situazione politica, prive di effettiva soluzione di continuità. Per questo allora ci permetteremo di trattare congiuntamente le vicende che le contraddistinsero, unendo a quelle città anche Viterbo che, in comune con Orvieto e Perugia, ebbe pure la ventura di ospitare i pontefici romani. Per quanto più dappresso riguarda le Marche esse furono invase dai goti e soprattutto dai longobardi che ne acquistarono alcune parti. Le due Pentapoli di mare e di terra invece rimasero ai bizantini e quindi con l'Esarcato ravennate, quando Carlo Magno ne compromise l'integrità, esse passarono alla Chiesa cui rimasero legate con i territori circostanti. Con gli Ottoni (961) troviamo poi, per la prima volta, ivi menzionato il nome di Marca da «Mark» ovvero «confine». Dopo la Marca di Camerino sciolta dal ducato di Spoleto, con cui si dette in quei luoghi una delimitazione all'impero, troviamo la Marca fermana, termine del regno del sud che, fusa con la anconetana, fornì la prima menzione del nuovo nome. All'autorità dei vescovi saldamente ivi insediatisi si sostituì quella delle famiglie feudali e dei Comuni. Sostanzialmente malnota la vicenda comunale marchigiana è rimasta per il fatto che molte carte ad essa relative andarono disperse. Comunque si conoscono i rapporti di quei centri con Venezia e le attività di Fabriano, Matelica, Osimo, Jesi e Ancona che, rivale della città dei dogi, tenne testa anche al Barbarossa. Dante amò ricordare la nobiltà marchigiana, in particolare i Montefeltro di Urbino. Anche la vita religiosa rifulse lì in abbazie, luoghi significativi del francescanesimo come Loreto, mentre la spiritualità ispirò centri monastici, *pievi* e parrocchie e i quartieri storici delle città. La più antica famiglia affermatasi fu la montefeltresca il cui dominio si estese sino a Urbino, Cagli e Fossombrone. I da Varano furono signori di Camerino. Dalla vicina Rimini i Malatesta si inserirono sino a Pesaro, Osimo e oltre Ancona. Il papato però cercò di esercitar sempre il dominio derivatogli dalle donazioni e, a metà del '300, con la legazione del cardinale Egidio Albornoz, compì uno sforzo per rivendicare la preminenza su quelle terre. Restano testimonianza di ciò le *Constitutiones aegidianae* approvate nel parlamento di Fano nel 1357. Di passaggio dominarono quasi l'intera Marca gli Sforza (1433-1444). Con la loro caduta poi varie Signorie tornarono alla Chiesa e nel 1463 anche Sigismondo Malatesta perse con Fano l'ultimo baluardo della sua famiglia.

Passando all'Umbria, diremo che essa fu centro della guerra greco-gotica (con la battaglia di Tagina presso Gualdo). Presto invasa dai longobardi, entrò per la maggior parte nel ducato di Spoleto con la cui storia si confuse quasi fino al XII secolo. Rimasero fuori Perugia e Terni, Narni e Amelia, prima in mani bizantine (sec. VII), poi con le donazioni di Liutprando, Pipino e Carlo Magno, assegnate al papa (774). Fra l'XI e il XII secolo nacquero lì forti Comuni cittadini che provocarono rivalità tra famiglie feudali e quando, nel 1198, Innocenzo III si sostituì al ducato spoletano, le città umbre entrarono nell'orbita della Chiesa. Durante l'età sveva (XII-XIII secolo) l'Umbria passò più volte dal papa all'imperatore, ma dopo la morte di Federico II si confermò il potere papale, anche se non cessarono le lotte fra guelfi e ghibellini, protrattesi nel '300 con l'espansione di Perugia verso Siena e Arezzo. Le famiglie dei Trinci (Foligno) e Gabrielli (Gubbio) cercarono di rafforzare i loro domini ma, in seguito alla missione del cardinale Albornoz, la Chiesa rimase incontestabile dominatrice di quelle terre, nonostante fra '300 e '400 si susseguissero tentativi dei Montefeltro, dei Visconti e degli Sforza decisi ad inserirvisi. Le lotte ebbero per protagonisti noti condottieri: Braccio da Montone, Erasmo Gattamelata, Niccolò e Jacopo Piccinino, Bartolomeo da Alviano. Braccio da Montone, impadronitosi di Perugia (1416), tentò in pochi anni l'unificazione dell'Umbria. Con Martino V però (1420) e la successiva pace di Firenze, la Chiesa si riservò ogni diritto.

ANCONA. Emerse quando nel 774 la Pentapoli e l'esarcato di Ravenna passarono al papa. Nell'848 fu assalita dai saraceni. Presto risorta, con l'aiuto del vescovo e dei marchesi di Toscana e di Spoleto respinse nuovamente gli arabi (917) poi i normanni (1073). Le sue galee parteciparono alle Crociate e contro Venezia e il Barbarossa (1167) cercò l'appoggio dell'Impero d'Oriente. Circondata dall'esercito imperiale di Cristiano di Magonza (1174), fu difesa eroicamente dai suoi concittadini: noti il coraggio di Stamira e di Giovanni che diedero tempo alle forze di Alessandro III di liberarla. Con la pace di Venezia (1177) essa mantenne la sua autonomia. Tre avversari, Venezia, i papi, la posizione che le impedì facili ampliamenti di territorio, non consentirono a quella forte e ricca città marinara di avere un'evoluzione pari a quella di altre consorelle italiane. Con la spedizione dell'Albornoz, Ancona passò praticamente ai papi e da quel momento (1357) la sua vicenda si confuse con quella dello Stato della Chiesa.

ASCOLI. Gota, poi longobarda e inserita nel ducato di Spoleto, divenne Comune vescovile nel 1185. Divisa fra guelfi e ghibellini nel 1242, la città fu saccheggiata da Federico II che distrusse metà delle sue duecento torri gentilizie. In guerra con Fermo, dalla metà del '200 al '500, ebbe espansione commerciale e politica fino al Tronto. Nel '300 e nel '400 conobbe brevi signorie dei Malatesta, del re di Napoli e degli Sforza. Fu tra le città *maiores et magis nobiles* delle Marche.

JESI. Costituitasi in Comune conobbe un periodo florido sotto Federico I Barbarossa ed Enrico VI. Nel 1194 vi nacque Federico II di Svevia e, nelle contese tra guelfi e ghibellini, spesso prevalsero i guelfi sino alla morte di Manfredi. Centro culturale notevole nel XIV-XV secolo subì le signorie dei Simonetti, dei Malatesta, di Braccio da Montone e Francesco Sforza (1433-1447), ma il cardinale Albornoz la sottopose alla giurisdizione ecclesiastica cui restò legata.

MACERATA. Ai primi anni del XII secolo risale la costituzione del Comune sorto sulle rovine di *Helvia Ricina*, sebbene un ricordo del *castrum* risalga al 1022. Il Comune forse ghibellino in origine, crebbe rapidamente: nel 1286-1288 furono fondati il palazzo comunale e quello del podestà. Niccolò IV la dotò dell'Università dal 1290. Sede vescovile, nel 1320 ricevette il titolo di città da Giovanni XXII. Da quell'anno i legati pontifici della Marca vi si stabilirono con la corte di appello e con la zecca pontificia.

URBINO. Fortificata da Liutprando fu donata dai Carolingi alla Chiesa che ne volle il dominio. Privata dell'autonomia comunale, divenne vicariato e nel 1155 Federico Barbarossa la dette a Buonconte di Montefeltro. Trasformata in feudo comitale, nel 1213, Federico II la concesse di nuovo allo stesso personaggio e ai conti montefeltreschi. Guido il Vecchio (1443) allargò quello Stato sino a Cagli, Gubbio e Casteldurante. Eugenio IV concesse a quella famiglia il titolo di duchi di Urbino. I Montefeltro, condottieri valorosi e principi illuminati, l'arricchirono di monumenti, dotandola dell'Università e di una cospicua Biblioteca, da papa Alessandro VII (1527) poi unita alla biblioteca vaticana. A quella corte fiorirono artisti come Raffaello e Bramante, letterati e uomini di cultura come Pietro Bembo e Baldassarre Castiglione.

ASSISI. Uscita nel secolo XII dal ducato spoletano, fu spesso in guerra con Perugia. Cristiano di Magonza la conquistò nel 1174 portandola in area sveva, ove rimase sino agli anni di Enrico VI. Il console (1184) fece una pace con i perugini che nel 1196 ne abbatterono la rocca. Innocenzo III la riconquistò poi alla Chiesa, pur se continuarono le lotte con Perugia: alla guerra del 1202 partecipò anche Francesco di Bernardone – il futuro S. Francesco – che fu fatto prigioniero. Le lotte di parte con Perugia continuarono per tutto il XIII e XIV secolo, sinché la città del Subasio non si consegnò all'Albornoz. Splendida per la posizione e i monumenti, Assisi attestò la sua presenza in epoche differenti, ma rifulse soprattutto per la spiritualità di S. Francesco, S. Chiara, e dell'Ordine dei Minori.

GUBBIO. In età altomedievale vi si fermò Carlo Magno di ritorno dall'incoronazione dell'800. Divenne importante nel '300 per la famiglia dei Gabrielli, tradizionalmente podestà di Firenze. A metà del secolo venne conquistata dall'Albornoz, ma il Comune cercò di nuovo l'autonomia nel 1376 e si dette ai montefeltreschi di Urbino per uscire dall'influenza della Chiesa (1384). Da allora la vicenda eugubina si confuse con la urbinate e conobbe splendore di corte con Federico.

ORVIETO. Posta al confine con il patrimonio di San Pietro, appartenne alla Marca di Tuscia, poi ai beni matildini, giustificando con la sua posizione le mire dei pontefici che la elessero talvolta a loro residenza con Adriano IV (1154), Gregorio X (1273) e Martino IV (1282). Nel 1154 papa Adriano strinse una convenzione con la città che si sottomise alla Chiesa cui garantì assistenza militare e rifugio per i pontefici. Eretta a Comune consolare (1137-1199), accolse il podestà (1251) e il capitano del popolo. In lotta con i centri vicini fu alleata di Siena, lasciata nel 1229 per la scelta di campo fiorentina sostenuta fino a Montaperti (1260). All'interno divenne focolaio di eretici catari e dell'eterodossia del centro d'Italia. Nel 1199, vittima di una congiura ereticale, cadde il podestà romano Pietro Parenzo, inviato da Innocenzo III per organizzare, senza successo, la riscossa dei fedeli alla Chiesa. Una dura repressione antiereticale ebbe luogo nel 1268, ma guizzi d'eresia rimasero sino al '300. Nonostante i podestà, la città fu preda delle fazioni dei Monaldi e dei Filippeschi, ricordate da Dante, in lotta sino al 1313, quando i Filippeschi furono cacciati dal Comune e le loro torri e case caddero demolite.

PERUGIA. Nell'alto Medioevo fu gota e, per poco, longobarda, mentre più a lungo la detennero i bizantini che ne fecero un ducato in buoni rapporti con i pontefici e con funzione mediatrice tra Chiesa e Impero. Vi soggiornò Corrado II il Salico nel 1037. Nel 1130 era già Comune con 10 consoli; nel 1177 Ranieri «potestas Perusiae» partecipò alla pace di Venezia. Con Enrico VI la città crebbe di rango e da allora cominciò ad espandersi a spese di Città di Castello (1180), Gubbio (1184), Città della Pieve (1188) e Assisi (1194). Nel 1198 accolse Innocenzo III e da allora entrò nell'orbita di quel papa che vi morì nel 1216. Nel XIII secolo fu sede di importanti conclavi, elesse Celestino V e, nonostante le lotte intestine aumentò di importanza politica, economica e artistica. In guerra con Arezzo, Siena e Firenze, ad essa mirarono i Visconti e il papa che vi prevalse dopo la pace del 1376. Nel 1393 ne assunse il governo il condottiero Biordo Michelotti e nel 1416 fu preda di Braccio da Montone. Suddita papale, Perugia fu retta da un'oligarchia cui parteciparono gli Oddi e i Baglioni, fino allo sterminio di questi ultimi (1500).

SPOLETO. Suo periodo significativo fu quello della conquista longobarda. Nel 571 gli invasori vi penetrarono costituendo un ducato destinato a sopravvivere alle fortune del regno. Spoleto resistette infatti a Carlo Magno, dopo essere divenuta una spina nel fianco dei bizantini e i suoi duchi ebbero supremazia nelle vicende romano-ecclesiastiche con Guido e Lamberto, determinando in certo modo le sorti del Regno italico e dello stesso Impero (IX secolo) quando li avversò Ludovico II, li reintegrò Carlo il Calvo e ne subì la pressione Carlo il Grosso. Nel X secolo il duca Alberico entrò in contatto con i beneventani e il suo esercito contribuì alla sconfitta degli arabi al Garigliano (915). Nel secolo XI il ducato fu talvolta conferito dagli imperatori ai vassalli tedeschi: Enrico IV lo concesse a Guarnieri, figlio del signore della Marca anconetana. Forse nel XII secolo ne fu investito anche Enrico il Superbo. Spoleto tenne testa al Barbarossa che assediatala, la incendiò e la consegnò a Guelfo di Baviera; poi fu di Corrado di Urslingen, ultimo duca al quale, finalmente la sottrasse Innocenzo III (1198). Da allora la città, trasformata in Rettorato, perse d'importanza.

TERNI. Distrutta da Totila e da Narsete ebbe destino precario, oppressa come fu da Narni e Spoleto. Sede di un celebre incontro fra Liutprando e papa Zaccaria (742) divenne nodo di transito notevole sulla Flaminia fra Roma e l'esarcato bizantino. Assediata dal Barbarossa, subì la stessa sorte di Spoleto, ma si difese impavidamente e del pari tenne lontano Federico II. Nella seconda metà del '300 infine, cadde nelle mani della Chiesa.

VITERBO. Il *castrum Viterbii* fu nominato per la prima volta da un anonimo geografo ravennate del VII secolo; nell'XI fu cinto di mura, poi divenne Comune e successivamente progredì, pur combattendo contro i centri vicini fra cui Roma. Fu anch'essa città papale: ospitò

Eugenio III (1146), l'antipapa Pasquale III (1164) e Alessandro IV (1257). Da allora al 1281 vi soggiornarono Urbano IV, Clemente IV, Gregorio X, e, fino a Martino IV (1281), tutti i papi eletti, eccettuato Innocenzo V. Fra il 1268 e il 1271 fu sede di un lungo conclave per l'elezione di Gregorio X, durante il quale il podestà Raniero Gatti scoperchiò il tetto del palazzo papale per costringere i porporati a concludere la troppo prolungata assise. Nel '300 Viterbo conobbe un'amministrazione signorile e i Gatti e i prefetti di Vico se ne divisero il governo. Nel 1357 il cardinale Albornoz vi restaurò il potere ecclesiastico. Dopo i di Vico ne furono signori i Vitelleschi. Nel 1345 divenne definitivo possesso della Chiesa, ma l'amministrazione cittadina rimase ai Gatti, estintisi nel 1498.

15. *Arte, cultura e scuole*

Con le grandi trasformazioni dei primi quattro secoli del Cristianesimo nell'ordine pubblico, economico, sociale e militare e con la conseguente crisi spirituale e religiosa connessa a tanto radicali rivolgimenti, in tutta la penisola italiana si avvertì un generale decadimento e imbarbarimento della cultura e gli imprescindibili diritti dello spirito e dell'umana coscienza travolsero le fondamenta stesse dell'Impero e della civiltà antica. Tale situazione però non azzerò quanto di culturale s'era realizzato nelle precedenti età. Così, rimasero aperte le vecchie biblioteche, circolarono i libri e si frequentarono le scuole. A Roma, per esempio, pur dopo i saccheggi del 410 e del 450 e gli effetti della guerra greco-gotica, funzionavano ancora gli antichi centri librari: tanto per ricordarne uno, la gloriosa biblioteca di Augusto; e mentre la tradizione del grammatico Donato non era spenta, v'erano ancora le scuole frequentate, fra gli altri, anche se per breve tempo, da Benedetto da Norcia che poi le abbandonò, scontento degli apprendimenti prevalentemente legati alla cultura classica e in cerca di più spirituali suggestioni.

Scuole autorevoli nel V-VI secolo fiorirono a Ravenna, a Milano, a Pavia, a Verona. A questo punto non si possono non ricordare i nuovi centri scrittori aggregati ai monasteri benedettini: a Montecassino, per citare il primo e più conosciuto e a Vivarium, il centro ove, al termine dell'età gota, trovò rifugio Cassiodoro, esponente di punta della cultura romano-barbarica presso la corte di Teodorico, insieme con lo sventurato Boezio, con Simmaco e molti altri. Tutt'altro che spenta dunque, appariva la cultura nel VI-VII secolo ma senza dubbio circolò meno, mentre la distruzione di monumenti, libri e oggetti d'arte fu superiore a ciò che la Chiesa e la civiltà monastica conservarono.

Con il IX secolo e la creazione dell'Impero carolingio, nella penisola si diffuse tuttavia una corrente di ripresa artistica e culturale. Allora nelle città più evolute giunsero gli effetti della cultura promossa da Alcuino, il consigliere più ascoltato di Carlo Magno per quanto attenne all'istruzione, e se ad Aquisgrana fu istituita la *Schola Palatina* ove insegnarono grammatica, retorica e logica uomini come Paolo Diacono, autore dell'*Historia Langobardorum* e Paolino d'Aquileia che ne furono entrambi insigni rappresentanti, si concentrò anche da noi una nuova cultura, la prima, propria dell'età di mezzo. Alla fine del I millennio ebbe poi vita la breve ma intensa stagione culturale favorita da Ottone III che elevò al pontificato il dottissimo precettore Gerberto d'Aurillac, Silvestro II, insieme a cui tracciò le linee del rinnovamento imperiale della politica e dell'istruzione che da Roma doveva trasmettersi all'Occidente intero.

Più ampio tuttavia fu il risveglio della cultura connesso alla nascita dei Comuni e delle università, una istituzione nuova fondata su un sistema di organizzazione autonoma. Gli studenti le gestirono e in parte le finanziarono, parteciparono alla elezione delle cariche accademiche e furono interessati all'attività didattica dei maestri. In Italia quindi le università divennero centri propulsori di dottrina. La prima scuola universitaria fu quella di Salerno (IX secolo). Di Bologna e Pavia già facemmo cenno. Padova fu celebre per le scienze. A Napoli Federico II fondò un ateneo intitolato al suo nome (1224), con lo scopo di preparare i migliori giovani del regno ai nuovi compiti dell'amministrazione statale, senza che fossero forzati a varcarne il confine. Agli inizi del '300 Bonifacio VIII creò in Roma lo *Studium Urbis*, ovvero l'università della Sapienza; centri universitari si inaugurarono poi a Vercelli, Modena, Siena.

Ma i Comuni, le Signorie e i Principati promossero una vera riscossa culturale e artistica in gran parte della penisola arricchitasi di chiese, torri, palazzi comunali, nuove mura, fortezze. Pitture, affreschi, sculture, raffinate decorazioni, abbellirono le recenti costruzioni. Forse nessun momento fu come quello racchiuso tra metà '200 e metà '300, denso di risultati culturali, vistosi nell'età di Giotto, Dante, Marco Polo. Benedetto Antelami e Nicola Pisano completarono il quadro della ripresa prodigiosa.

Non mancarono quindi i risultati della speculazione teorica: pensiamo a Marsilio da Padova che nel suo *Defensor pacis* affermò che la sovranità non derivava né da Dio né dall'imperatore, ma era espressione di un vincolo consociativo e di una organizzazione umana. Su tutti trionfò l'Alighieri già da Machiavelli denominato padre della *natio* italiana; egli infatti ebbe il merito di aver creato per primo uno stato d'animo e una *condizione* italiana. Per cui leggendo il *Poema sacro* i più colti ebbero fino dal '300, la sensazione di far parte di una comune civiltà varia, ma basata su presupposti univoci. Il fenomeno Dante però poté nascere in un centro colto ed evoluto come Firenze. Villani ci dice infatti che in quella città, 8-10 mila bambini sapevano leggere e scrivere, circa 1500 apprendevano l'*algorismo*, da 350 a 600 frequentavano scuole superiori. La prima metà del '300 fu di ascesa culturale, ma la seconda metà introdusse dubbi anche fra i ceti elevati. Petrarca, imbevuto di raffinata cultura, incerto ed inquieto, espresse nel *Canzoniere* quel dramma, mentre anche Boccaccio, il vigoroso autore del *Decameron* giunto alla vecchiezza, cercò conforto nella contemplazione religiosa. Tuttavia il '400 segnò la ripresa sicura della società italiana e del suo manifestarsi in ogni settore culturale. Trionfarono gli *Studia humanitatis*: da Lorenzo Valla a Leon Battista Alberti, da Paolo del Pozzo Toscanelli a Brunelleschi, a Leonardo, da Coluccio Salutati a Biondo Flavio e a Poggio Bracciolini, dal Poliziano a Pomponio Leto, da Bernardo Rossellino a Donatello, dal Pollaiolo al Beato Angelico, al Botticelli, da Benozzo Gozzoli a Pico della Mirandola e al Pomponazzi, da Luca Pacioli a Giuliano da Maiano è tutto un intreccio e un'esplosione di geni presenti nei vari campi del sapere e delle arti che danno la misura della statura culturale e artistica raggiunta dall'Italia nel '400, durante l'affermazione del Rinascimento, nella stagione felicemente denominata da Johan Huizinga l'*Autunno del Medioevo*, un'età in cui si oscurano antichi valori e vanno affermandosene dei nuovi, quelli dell'età moderna non sempre in contrasto con l'evo medio e il suo rigoglio.

16. *Roma e il patrimonio di S. Pietro*

Mentre per altre regioni è pur possibile stabilire un rapporto fra la realtà territoriale medievale e quella odierna, il discorso si fa più complesso quando ci si riferisca al Lazio, a proposito di cui non è agevole tracciare un rapporto fra quest'ultimo, quale oggi appare, e la sua proiezione nell'età di mezzo. Pertanto, quando si intenda parlare delle sorti politico-amministrative della zona collegata a Roma nell'età media, pare opportuno riferirsi a quello che fu definito fin dall'alto Medioevo *patrimonio di San Pietro* e che, grosso modo, fu compreso in un centinaio di chilometri dal nord, al sud e all'est attorno all'Urbe. Orbene, già fra il V e il VI secolo, la Chiesa possedette taluni dei suoi «patrimoni» costitutivi nell'ambito di tal territorio, anche se i diritti alla sovranità vennero esercitati nella circoscrizione militare del ducato romano-bizantino dall'Impero d'Oriente il cui potere nel secolo VIII era già sensibilmente ridotto. Nel 727 l'esercito romano, diventato una forza locale alle dipendenze del papa, si ribellò a Bisanzio. Nello stesso tempo – nel 728 – Gregorio II ottenne da Liutprando il *castrum* di Sutri e Zaccaria – nel 742 – ottenne

Orte, Blera, Amelia, Bomarzo e Narni. Con il viaggio in Francia (754) Stefano II conseguì l'autonomia tributaria e la donazione di Pipino fu definitivamente riconosciuta. Così si era costituita la *Sancta Romana res publica*. Si organizzarono allora le cosiddette *domuscultae* (una sorta di fattoria modello) che Zaccaria e Adriano I moltiplicarono nell'agro e utilizzarono per sostenere la signoria della Chiesa come centro di forza per un suo progressivo ingrandimento effettuato a spese della proprietà privata. Con lo sviluppo monastico dei secoli VIII e IX le famiglie laiche accrebbero la loro potenza e occuparono gli uffici romani. Poi si insinuarono nelle campagne, entrarono nei chiostri, conquistarono seggi abbaziali. Nelle città inoltre, segnatamente nella Campagna e nella Marittima, si mutarono gli ordinamenti: l'evoluzione agricola e il crescente valore dei fondi rustici arricchirono i grandi proprietari sostituitisi ai nobili per costruire una nuova aristocrazia i cui esponenti vennero denominati *domini*, ai quali il pontefice si appoggiò contro gli antichi aristocratici durante la lotta per le investiture. Tra l'XI e il XII secolo i successori di Pietro razionalizzarono i loro domini: Callisto II nel 1120 conquistò parte della Ciociaria; tra il 1125 e il 1126 Onorio II occupò Segni, Trevi e Maenza, Pisterzo, Roccasecca, Giuliano, S. Stefano, Prossedi. Eugenio III prese Terracina, Sezze, Norma e Fumone. Intorno alla metà del XII secolo, il patrimonio contava potenti città quali Tivoli, Terracina, Anagni, Velletri e, a nord, Corneto. Con la rivolta del 1143 anche Roma divenne un Comune che, rafforzatosi, si scontrò con Albano (1168), Tivoli e Tuscolo (1184). In tal modo l'Urbe cominciò a contare di più nella territorialità circostante del futuro Lazio. Vero è che nel 1198 Innocenzo III prese di nuovo saldamente nelle sue mani Roma e il territorio di S. Pietro. I feudatari della Campagna, della Marittima, della Tuscia Viterbese riconobbero così l'obbligo del tributo e del vassallaggio e con il Parlamento generale di Viterbo (1207) si accrebbe l'autorità dei Rettori volti ad attestare il consolidamento di un potere al di là degli interessi partigiani. Tuttavia la formazione e la gestione dei Rettorati fu complessa e lunga. Le province soprattutto con Gregorio X (1271-1276) divennero il complesso delle terre soggette al Rettore: tale fu, per esempio, la situazione della Tuscia. Però le città continuarono a primeggiare inseguendo la ricerca delle autonomie: Viterbo, Corneto, Tivoli, Velletri, Terracina e Anagni tentarono di contrapporsi a Roma loro nemica naturale. Quest'ultima cercò di riaffermare la sua insopprimibile vocazione di capitale, ma non riuscì ad uscire dalla tutela del papa. Nella seconda metà del '200, durante il conflitto fra Federico II e Gregorio IX, durante il periodo del senatorato di Matteo Rosso Orsini, l'Urbe sembrò trionfare, specialmente dopo la morte di Celestino IV, ma Innocenzo IV, con l'appoggio dei Colonna e degli Orsini, dei Savelli, dei Conti e degli Annibaldi, dei Frangipane e dei Capocci, mantenne e sviluppò la supremazia sul patrimonio di S. Pietro. Dal pontificato di Gregorio X a quello di Bonifacio VIII, il papato rafforzò la sua potenza nel già delineatosi Stato della Chiesa, mentre papa Caetani in particolare costruì una sua potente signoria personale. Nel '300 però con l'allontanamento dei pontefici da Roma ed il settantennio del papato avignonese, si allentarono i rapporti del capo della Chiesa con le città e le famiglie laziali e la storia del XIV secolo è tutta un susseguirsi di nuove autonomie, volte a scardinare il potere assoluto del papa e a creare piccole e poco autorevoli Signorie. La crisi colpì allora il patrimonio di S. Pietro. Cola di Rienzo, sia pur servendosi di mezzi inadeguati, si avvide del pericolo e tentò di legare in modo sfortunato le città del Patrimonio a Roma e alla Chiesa (1347-1354). Con altri intendimenti e consapevolezza il cardinale Egidio Albornoz nella seconda metà del secolo lavorò per riportare nella Campagna e nella Marittima, nella Sabina e nella Tuscia, città e istituzioni al riconoscimento dei diritti sovrani della Chiesa. I disordini, moltiplicatisi durante l'età dello scisma, resero più precaria la situazione del Patrimonio. Bonifacio IX (1398-1399), Innocenzo VII (1404-1406), Gregorio XII (1406-1417) segnarono con difficoltà i primi successi conseguenti al riordinamento ecclesiastico. Martino V Colonna poi (1417-1431) conseguì più vistosi risultati nella restituzione delle terre del Lazio alla Chiesa. Le forze mercenarie dei Vitelleschi, degli Scarampi e dei Prefetti di Vico, compirono l'opera: Nicolò V (1447-1455) e Pio II (1458-1464) la portarono alle estreme conseguenze e, con la vittoria di Paolo II sugli Anguillara (1464-1471), la Chiesa tornò signora di tutto il patrimonio. Al centro di questi complessi avvenimenti, destinati nel corso di dieci secoli a creare lo Stato della Chiesa, grandeggiò Roma, strettamente connessa al papa pur se desiderosa di mostrare la sua autonoma forza, espressione della romanità classica e della sovranità cristiana.

ROMA. Nel corso del V secolo fu saccheggiata dai goti di Alarico (410) e dai vandali di Genserico (455). Nel 476, deposto Romolo Augustolo, assunse il potere il *magister utriusque miliciae* Odoacre. Le ferite inferte alla città furono gravi ma non irreparabili in quanto nel '500, all'arrivo di Teoderico, essa fu definita bella e piena di vita. Conseguenze peggiori ebbero invece nel VI secolo le persecuzioni relative allo scisma laurenziano contro Simmaco, perpetuatosi sino al ritorno all'ortodossia (519). La morte di Teodoro e l'uccisione di Amalasunta fecero precipitare gli eventi. Scoppiò la guerra goticobizantina e, i generali di Giustiniano, Belisario e Narsete, riconquistarono un'Italia distrutta. Roma assediata, subì distruzioni per quattro volte e quando Narsete vi entrò da trionfatore, fiaccando il presidio goto attorno alla mole Adriana (552), rinvenne in ogni *regione* mucchi di rovine. Nel ventennio successivo il *patricius* Narsete sanò talune piaghe cittadine: recuperò le mura Aureliane, il ponte Salario sull'Aniene e taluni acquedotti. Con i longobardi, l'Urbe, benché militarmente salva, subì nuovi colpi; la fame, le carestie, le escrescenze del Tevere, le epidemie, la ridussero in una condizione miserevole, allorché divenne pontefice Gregorio Magno (590-604). Si successero allora imponenti processioni al cui termine – narra una leggenda – sul mausoleo di Adriano comparve un dolcissimo angelo con la spada abbassata, quasi a mostrare che i pericoli erano terminati. Cominciò allora la ripresa di Roma, divenuta ducato bizantino e arricchitasi di chiese e monumenti che la rinnovarono. Ma il pericolo longobardo era notevole e i pontefici nel VII-VIII secolo, non potendo contare sull'aiuto bizantino per l'accentuarsi della discordia fra l'Oriente e i papi durante la *lotta iconoclasta*, per difendere la loro città, si volsero ai franchi. Dapprima Zaccaria cercò l'accordo con il longobardo Liutprando (741), ottenendo Sutri quale primo nucleo del dominio temporale ecclesiastico. Stefano II (752-757) accelerò lo sganciamento da Bisanzio e dai barbari e incoronò il franco Pipino *rex et patricius Romanorum*. Astolfo allora assediò l'Urbe e non osando forzarne le mura, entrò in S. Pietro, esterna alle mura Aureliane e non protetta. Pipino affrontò quindi i longobardi e li sconfisse (756), ma la liquidazione di quella potenza fu opera di Carlo Magno (773) che, conquistate Verona e Pavia, scese in Roma a riceverti la corona franco-longobarda. Leone III, sostenuto da Carlo nella contesa contro i nobili romani, incoronò quel sovrano imperatore in S. Pietro nella notte di Natale (800).

Il nuovo Impero affrancò l'Urbe dall'ipoteca bizantina e rinnovò l'istituzione romana in un nuovo contesto cristiano, non casualmente nato, ma da considerarsi il capolavoro della politica pontificia della seconda metà del secolo VIII: di Gregorio II e Gregorio III, Stefano II, Paolo I, Stefano III, Adriano I e Leone III; i quali, nel creare un nuovo rapporto politico, badarono ad assegnare alla Chiesa una funzione primaria: ciò che è attestato dalla rinascita del *Senato romano*, rinvigorito per creare una sorta di ombrello protettivo al papa come è confermato dalla falsificazione del *Costituto* di Costantino, costruito sotto il pontificato di Paolo I (757-767), per giustificare l'origine del potere temporale dei pontefici. Nel IX secolo gli imperatori, tolto un soggiorno di Lotario, non scesero a Roma. Carlo il Calvo però per il Natale dell'875 tornò a prendervi la corona. La città era imponente, pur se sottoposta a pericolose incursioni dei saraceni annidati alle foci del Garigliano. Per proteggere S. Pietro, Leone IV costruì intorno alla basilica e ai borghi le famose mura leonine. Giovanni VIII (872-882) e Giovanni X (914-928) salvarono l'Urbe dagli arabi, sconfitti al Garigliano (915). Anche la basilica di S. Pietro fu circondata di mura (Johannipolis) e così la basilica di S. Paolo e il borgo di Ostia antica, altro luogo a rischio rispetto alle incursioni saracene.

Con la fine del IX secolo cominciò la preponderanza spoletana; la Chiesa incoronò Guido e Lamberto di Spoleto (972), pur continuando le trattative con Arnolfo di Carinzia. A pagare tale doppiezza fu papa Formoso, processato dopo la sua morte nel *Concilio del cadavere* con una macabra messa in scena, al cui termine, egli fu condannato e il suo corpo gettato nel Tevere. Con Alberico e Marozia cominciò l'era delle grandi famiglie. Alberico si denominò *princeps et omnium Romanorum senator* (932) e governò isolando l'Urbe dall'Impero e avviandola verso scelte ambiziose, ma accettate dal popolo che lo amò. Solo alla sua morte (954) giunse Ottone I che nel 963 prese la corona dal figlio di Alberico, papa Giovanni XII, uomo corrotto, ricattato da amicizie torbide che fondò in Roma un potere personale. Con il 965 sopravvenne la casata Crescenziana, in competizione con i conti di Tuscolo, con cui si stabilì una sorta di *Conventio ad excludendum* per cui ci si divise il potere in città e nel *Districtus* e si tennero lontani gli imperatori. Anche Ottone III stentò a porre in atto la sua politica di rinascita cittadina, base della *Renovatio Imperii* sostenuta da Gregorio V poi da Silvestro II. Lasciata Roma, il giovane Ottone venne a morte (1001) e la città restò preda di Crescenziani e Tuscolani fino a che Enrico III, con il concordato di Sutri (1045) non depose Benedetto IX, Crescenzio III e Gregorio VI per eleggere Clemente II – il tedesco Suidgero di Bamberga – che, estraneo agli interessi cittadini, risanò la Chiesa. Per il papato e l'Urbe fu questo un colpo che spronò il clero mortificato a organizzare un piano di rinascita spirituale. Così fu avviata la *Riforma* con Leone IX, Niccolò II (1059) e Alessandro II poi con Gregorio VII (1073-1085), il quale attuò nell'Urbe e nella Chiesa una possente riforma volta a reintrodurvi la purezza dei costumi ecclesiastici e a liberarla dalla preponderanza imperiale. Si giunse allora alla *lotta per le investiture* che pose frontalmente contro Gregorio VII e Enrico IV. Dopo la prima scomunica (1077) Enrico fu perdonato, ma presto riprese a proteggere il clero simoniaco e concubinario. Dopo la seconda scomunica (1081) il monarca scese a Roma per affrontarvi Gregorio, assediato in Castel Sant'Angelo e liberato dai normanni di Roberto il Guiscardo che, per sottrarre la città all'assedio, si scontrò con le truppe imperiali (1084), distruggendo quasi irreparabilmente interi quartieri e pregevoli monumenti cittadini. Gregorio uscito da castello, scortato da Roberto il Guiscardo, abbandonò Roma per Salerno, ove morì (1085). Fortemente provati i romani rimasero preda di Enrico IV e dell'antipapa Clemente III.

Passarono decenni prima che l'Urbe si riprendesse, ma risultò deteriorato il secolare rapporto di rispetto e di amore che aveva legato ai pontefici i romani. Urbano II e Pasquale II ristabilirono una situazione meno precaria, mentre le famiglie dei Pierleoni e dei Frangipane assunsero il potere e guidarono le scelte cittadine. Ai Pierleoni si dovette l'elezione di Callisto II, autore del Concordato di Worms (1122) e della ripresa cittadina. Al passo con i tempi e con altre città italiane, Roma individuò il cammino del rinnovamento della sua amministrazione. Così (1142-1143) ebbe luogo la *renovatio senatus*, ovvero la nascita del Comune romano, sin da allora collocato nella rocca Capitolina, simbolo della nuova realtà amministrativa. In tale vicenda, mentre i papi, accusati di essersi accordati con la nemica Tivoli (Lucio II 1144-1145, Eugenio III 1145-1153, Adriano IV 1154-1159) si allontanarono da Roma, vi fece ingresso Arnaldo da Brescia, figura di ascetico riformatore che sposò il programma del rinnovamento ecclesiastico con quello dell'organizzazione comunale. Arnaldo, per sottrarre la città ai pontefici, tentò un accordo con Corrado III, poi col Barbarossa. Ma quest'ultimo, preferendo allearsi con Adriano IV, prese prigioniero Arnaldo. Così l'incoronazione federiciana coincise con l'uccisione di Arnaldo le cui ceneri vennero disperse nel Tevere (1155). Rimasta isolata, la città si accostò alla Chiesa, procedendo di nuovo alla nomina del prefetto, impegnandosi ad aiutare i pontefici. Clemente III riconobbe il Senato (1188). La nuova amministrazione espresse allora le sue potenzialità: Roma combatté contro Tivoli, Albano, Viterbo, distrusse Tuscolo (1191), concluse patti commerciali con Genova (1171) e con Pisa (1174). Le turbolenze ripresero nel 1191 con la magistratura di Benedetto Carushomo che sottrasse alla santa sede la Marittima e la Sabina. Al suo trionfo attestante la presenza di una consistente corrente laica nella città, seguì la caduta. Con il 1205 si ebbero i senatori unici, poi la doppia nomina annuale, affinché non si consolidassero troppo forti poteri personali. Fu questa la *trouvaille* politica di Innocenzo III (1198-1216), volto a instaurare rapporti più normali fra papato e Comune, il cui dissidio latente fu acuito dall'intervento di Federico II. Scomunicato nel 1227, egli trasse a sé i Frangipane, così nel 1228, durante le celebrazioni del giovedì santo, Gregorio IX fu assalito e costretto a rifugiarsi in Viterbo. Roma allora attaccò la rivale, oggetto di spedizioni guerresche. Sotto il governo di Giovanni di Poli (1232-1233) e di Luca Savelli (1233-1234), i romani rivendicarono la Tuscia e la Campagna. Con Angelo Malabranca (1235) Roma acquistò Vitorchiano. Per avere dalla sua il Comune, dopo la vittoria di Cortenuova (1237), Federico inviò in dono ai romani il carroccio accolto in Campidoglio. Tuttavia la forza di Gregorio IX, l'energia di Matteo Rosso Orsini (1241-1242) e la decisione del successore Innocenzo IV di celebrare il Consiglio antifedericiano in Lione, sottrassero l'Urbe alle mene imperiali.

Dopo il 1250 il Comune proseguì la politica di affermazione laica con il senatorato del bolognese Brancaleone degli Andalò, il quale fece leva sui ceti emergenti cittadini – artigiani, commercianti, banchieri – per stabilire un potere forte e autonomo dal papato. Terracina, Viterbo, Tivoli poi Anagni e Corneto divennero oggetto di assalti. L'allontanamento da Roma salvò il senatore dalla vendetta dei nobili fiancheggiatori del papa; così lo scontro fra Roma e la Chiesa fu interrotto (1258). In seguito, la morte di Manfredi (1266) e l'affermazione del guelfismo con Carlo d'Angiò, inserirono quest'ultimo per un decennio (1268-1278) nel senato romano. L'amministrazione se ne giovò e la città conseguì successi politici e territoriali malvisti dal papa che considerò così compromessa l'influenza della Chiesa sulla città. Niccolò III (1277-1280), Niccolò IV (1288-1292) e soprattutto Bonifacio VIII (1295-1303) ripresero la politica di affermazione pontificia. Questi, con la proclamazione del I Giubileo (1300) e l'inaugurazione dell'Università della «Sapienza» (1303) riconfermò la sua supremazia politica ed ecclesiastica. Il successivo periodo avignonese impoverì Roma priva di un potere che le conferì sempre prestigio politico, economico e civile. La lotta tra Orsini e Colonna e l'inserimento di Roberto d'Angiò nella vita cittadina costituirono ulteriori motivi di crisi.

A metà del '300 la città si riscosse con il tentativo di Cola di Rienzo che, alla testa di una rivoluzione capeggiata dalle stesse forze cento anni prima sostenitrici di Brancaleone degli Andalò, conquistò il potere nel 1347 come tribuno. Per domare l'insorgenza di disordini contro le ingerenze nobiliari che avevano compromesso l'amministrazione romana, Cola si era recato in Avignone a nome dei capi dei tredici rioni urbani allora al potere (1342), invocando il ritorno del papa e la proclamazione anticipata del Giubileo nel 1350. Rientrato a Roma, egli si pose a capo di un'insurrezione volta a riportar l'ordine in città. Cola esercitava un fascino irresistibile – anche Petrarca ne fu preso – e all'inizio promosse riforme ben viste dai romani, tese a restituire legalità all'amministrazione e a sottrarre il prepotere ai Colonna. Presto il *Tribunus severus et clemens* ideò un ardito piano per invocare nel nome di Roma l'unione delle città italiane. La sua azione degenerò allora in eccessi che gli alienarono molte simpatie. La proclamazione della podestà universale di Roma che avocava al popolo la scelta dell'imperatore, lo pose poi in rottura con il papato e presto il tribuno prese la via dell'esilio. Nel 1354, rientrato in Italia con Egidio Albornoz, fu nominato senatore romano. Subito dopo però, impose tributi e gabelle che gli scatenarono contro i cittadini. Scoperto dai rivoltosi, allorché tentava la fuga travestito da contadino, fu impiccato con la testa all'ingiù ai piedi del Campidoglio (1354).

Il ritorno dei papi a Roma si dovette a Gregorio XI (1377) che, avvalsosi della precedente azione dell'Albornoz e di Bertrando del Poggetto, sottomise l'Urbe e il *patrimonio*, nell'ultimo settantennio sottrattisi al papa. La morte di Gregorio aprì tuttavia una crisi. I romani, temendo l'allontanamento del pontefice, tumultuavano per imporre la scelta di un successore romano «o armanco italiano». In seguito Urbano VI, l'antipapa Clemente VII e la conseguente battaglia di Marino (1379) inaugurarono con lo Scisma e lo spostamento dei pontefici (1378-1449) un altro settantennio di grave danno per il prestigio del papato e per quello di Roma giunta al punto più basso, priva del papa, provata nella sua economia, nello sviluppo dell'amministrazione comunale, incapace di mantenere l'ordine pubblico compromesso da turbolenze e da agitazioni scomposte. La ripresa giunse a Scisma composto, allorché si inaugurò una politica di equilibrio che, in seguito alla pace di Lodi (1454), riportò anche a Roma il progresso e l'affermarsi della civiltà rinascimentale destinata a ingrandirla, facendone la capitale dello Stato della Chiesa. I papi, consolidata la loro autorità, divennero protettori delle arti e delle lettere, governarono la Chiesa e le amministrazioni tornate dopo secoli a coincidere. Con la caduta e la condanna a morte di Stefano Porcari (1447-1455), Niccolò V sventò una congiura che poteva accendere l'animo dei romani per la repubblica, al pari dei tentativi di Brancaleone degli Andalò e di Cola di Rienzo; ma quella fu l'ultima fiammata autonomistica, prima che Niccolò V inaugurasse la serie dei papi rinascimentali. Egli abbellì la città e fondò la biblioteca vaticana, promuovendovi la raccolta di *Codici* e lo studio dei classici latini e greci. Dopo di lui Pio II – Enea Silvio Piccolomini – sviluppò la curia e Roma. Con la pratica del nepotismo, il lusso della corte e l'impiego di artisti e letterati, egli arricchì la sua famiglia e la città. Callisto III (1455-1458), Sisto IV (1471-1484), Innocenzo VIII (1484-1492) avviarono la trasformazione di Roma con un programma di risanamento e di opere pubbliche, poi vigorosamente proseguito da Alessandro VI Borgia (1492-1503), da Giulio II (1503-1513) e da Leone X (1513-1521) che costruirono strade e palazzi mirabili, ordinarono quadri ed affreschi e raccolsero preziose collezioni di oggetti d'arte. Due nomi attestarono la portata del loro sforzo e l'entità dei risultati raggiunti: Raffaello e Michelangelo che profusero nella nuova S. Pietro, nei palazzi vaticani e nelle chiese cittadine, i tesori della loro arte. Ma su quest'opera presto s'addensò la tempesta del Protestantesimo e Carlo V, per battere Clemente VII, suo nemico, inviò a Roma un esercito comandato dal connestabile di Borbone. I lanzichenecchi entrarono in città (maggio 1527), sottoponendola a un saccheggio cui Clemente VII assisté rinchiuso in Castel Sant'Angelo. Per la città eterna l'età moderna s'apriva fra le devastazioni e i contrasti.

ANAGNI. Insieme a questo centro dovremo ricordare i numerosi che in età medievale animarono la Campagna e la Marittima, l'una e l'altra connesse alla terra Ciociara e che pur restando autonomi e fra loro diversi, gravitarono nell'orbita di Roma e del papato. Per il versante interno, ricorderemo tuttavia almeno Alatri, Vico, Guarcino, Collepardo, Arpino, Ceccano, Ferentino, Sora, Segni, Veroli. Per la zona protesa verso il mare nomineremo invece Ninfa, Norma, Sermoneta, Sezze, Sonnino, Bassiano, Priverno, Terracina. Al centro si erge Anagni per tutto il Medioevo importante per la storia della Chiesa. Quel centro, legato anch'esso a Roma, crebbe di potenza con lo sviluppo del Comune, la cui vita non fu facile. Al suo interno si crearono infatti divisioni profonde fra *milites* e *pedites*, nobili e abitanti del contado. Nel XIII secolo poi risultò irrobustita dalla presenza di famiglie nobiliari, fra le quali si distinse quella dei Caetani. Anagni fu città spesso ricordata per la presenza dei papi tra i quali si distinsero Innocenzo III, Gregorio IX e Alessandro IV. Dopo la battaglia di Legnano (1176) vi si recò Alessandro III che ivi dette inizio alle trattative con gli ambasciatori di Federico Barbarossa conclusesi con la pace di Venezia (1177) e con quella di Costanza (1183). Da allora in poi Anagni diverrà sede di Rettorato. Più tristemente nota essa divenne allorché nel 1303 vi si recarono i messi di Filippo IV il Bello di Francia, condotti da Guglielmo di Nogaret e Sciarra Colonna per oltraggiare in modo inaudito Bonifacio VIII, forse addirittura schiaffeggiato. Conquistata una notevole autonomia, come le altre città ciociare e del *Districtus*, Anagni la perdette quando, a fine '300, Bonifacio IX riportò quelle terre sotto la potestà pontificia.

VELLETRI. Esposta agli attacchi visigoti e goti, poi bizantini, sin dall'alto Medioevo essa si schierò con la Chiesa che nel 730 le concesse ampi privilegi. Anche durante la lotta per le investiture essa parteggiò per Gregorio VII e nel 1087-1089 ebbe concreti riconoscimenti da Vittore III (Desiderio di Montecassino) e da Urbano II. Nel '200 Gregorio IX la sottrasse a Roma per porla alle dipendenze della Chiesa e ciò sviluppò la sua autonomia cittadina immiseritasi nel periodo del papato avignonese e negli anni di Cola di Rienzo. Con la fine dello Scisma, Velletri riassunse la sua primitiva posizione. Nella vicina Marino (1379) si affrontarono Urbano VI con i francesi dell'antipapa Clemente VII (Roberto di Ginevra) inaugurando il travagliato periodo dello Scisma. Nella suddetta battaglia fece le sue prime prove la Compagnia di Ventura di Alberico da Barbiano.

17. *L'organizzazione ecclesiastica*

Durante l'Impero di Claudio (I secolo) è già attestata in Roma la presenza di cristiani, anche da S. Paolo rinvenuti a Pozzuoli quando egli vi si intrattenne. A parte ciò, tuttavia, poco si sa della prima diffusione del Cristianesimo in Italia e, a prescindere da leggende che farebbero risalire la fondazione di talune diocesi a Pietro e ai suoi discepoli, siamo certi che l'affermazione della nuova religione partì da Roma negli ultimi venti anni del II secolo, allorché la comunità romana, abbandonato l'uso del greco, prese a parlare il latino. I personaggi cristiani di spicco, fino al IV-V secolo, furono prevalentemente italiani come Eusebio di Vercelli, Lucifero di Cagliari, Rufino di Aquileia. Fecero eccezione Ambrogio da Milano, di cultura essenzialmente greca, e Gerolamo, di formazione orientale, quindi non autoctoni. Con il IV secolo poi, si moltiplicò una programmata presenza cristiana: sedi organizzate del nord furono Milano, Ravenna, Aquileia, Parenzo; nel sud invece Napoli, Pozzuoli, Nola, Nocera, Benevento, Capua, Brindisi. Altri luoghi di penetrazione antica comparvero a Terni, Siracusa, Cagliari. Di primaria importanza divennero le sedi di Milano che organizzò i vescovi della Padania, del Piceno e della Flaminia, quindi di Roma che curò il Centro-Sud e le isole. Con il V secolo le città maggiori ebbero un vescovo e comparve il patriarcato di Aquileia cui fecero capo le diocesi dell'Est, mentre Ravenna e i suoi metropoliti gareggiarono con Milano.

L'Italia settentrionale annoverò circa 77 diocesi contro le 214 attribuite al Centro-Sud e alle isole. Nel VII secolo, con gli ariani longobardi e lo Scisma dei *Tre Capitoli* forse si manifestò una contrazione del numero dei vescovadi e Gregorio Magno – il papa cui andò il merito della definitiva organizzazione ecclesiastica – incolpò di tali crisi la guerra greco-gotica e gli invasori longobardi responsabili di immani distruzioni. Taluni vescovi ariani, presenti a Ravenna e a Roma, non furono poi conteggiati fra quelli di sicura fede. Tuttavia, tolte queste eccezioni, a Gregorio Magno risalì l'organizzazione diocesana con relativi vescovadi cui furono conferiti precisi poteri ecclesiastici e politici. La stessa configurazione delle diocesi, la loro divisione in *primarie* e *suffraganee* risalì agli anni fra il 590 e il 604. La denominazione di *Parrocchia* fu data da principio alla stessa circoscrizione territoriale su cui insisteva l'*auctoritas episcopalis* e poi indicò il nucleo minore ma significativo dell'organizzazione capillare della Chiesa. All'inizio solo i vescovi impartirono i sacramenti poi, con il sorgere delle cappelle e delle Chiese di campagna – *pievi* – anche i *Rettori* ivi stabilitisi con l'obbligo di residenza, ebbero la facoltà di amministrare battesimo, eucaristia, confessione, matrimonio. I limiti del vescovado coincisero con la parrocchia, mentre nelle campagne le *pievi* sostituirono nell'amministrazione civile i *municipia*. Da allora, in tutta la penisola, la chiesa del villaggio e il sagrato divennero fulcro di vita sociale.

Gravi danni all'assetto gregoriano furono in seguito arrecati dalle invasioni bizantine e musulmane nel Mezzogiorno d'Italia. La lotta per l'affermazione del rito greco sul latino e viceversa contrassegnò una parte sensibile dell'opera di cristianizzazione del Mezzogiorno, mentre l'indipendenza politica e la scarsa volontà di cedere ai bizantini, mantennero pur nel IX secolo non pochi monasteri basiliani nella fedeltà a Roma: ad esempio a Napoli e Amalfi. Comunque la piena diffusione del Cristianesimo latino nel meridione incontrò difficoltà: si pensi a Bari e a talune diocesi calabresi. Invece i principi normanni, la dinastia capuana e Amalfi si batterono per l'espansione della Chiesa. In questo senso poi preziosa fu l'azione compiuta dai Cassinesi e dai Benedettini. Fra le abbazie connesse a Montecassino, ricorderemo almeno S. Colombano, Bobbio, la Novalesa, Nonantola, Santa Giulia di Brescia. Nel XIII secolo gli ordini francescano e domenicano legarono ancor più i ceti umili ai frati, alla loro predicazione e intensa azione sociale. Alla «cerca» di elemosine per sovvenire ai bisogni dell'Ordine, Francescani e Domenicani affiancarono un'attività rivolta ad accogliere i bisogni dei fedeli indigenti, dell'infanzia abbandonata, dei vecchi, delle vedove, delle ragazze madri, degli ammalati. In proposito aggiungeremo che gli *Xenodochia* – i primi ospedali – sorsero spesso con monasteri e conventi. Ai domenicani poi spettò l'organizzazione della giustizia e del tribunale della Santa inquisizione.

Tornando al Nord, dopo la fine dell'esarcato bizantino – VIII secolo – si riassorbirono gradualmente gli influssi ortodossi e la Chiesa conferì sempre maggiore aiuto ai fedeli anche se l'Impero carolingio, gli Ottoni, gli imperatori di Franconia e pure gli svevi furono larghi di aiuto, soprattutto al clero regolare. Così lo furono i normanni in Italia meridionale e i sovrani siciliani, poi di Napoli. Anche il Regno italico, le Signorie e i principati vennero incontro ai bisogni delle parrocchie e degli Ordini, in particolare dei Francescani. Più indifferente in proposito parve l'amministrazione comunale, maggiormente dedita allo sviluppo dei commerci, delle leggi, della cultura che a quello dell'organizzazione ecclesiale, alla cui affermazione italiana contribuì per certo il *Costituto di Costantino* con il quale al vescovo di Roma venne assegnato il primato su tutta la Chiesa. Lo stesso documento collocabile fra il 781 e il 787 rinvenuto per la prima volta nelle falsificazioni pseudoisidoriane (metà IX secolo) trovò larga diffusione anche dopo, sino a che nel '400 Lorenzo Valla non ne attestò la falsità.

La Chiesa poi si radicò nella penisola per il fatto che, nei papi e nelle loro strutture, i cittadini rinvennero un aiuto concreto contro unni, goti, longobardi, musulmani, ungheri e normanni. Un elemento di stabilità fu introdotto nel 1059 da Niccolò II con il decreto di elezione pontificia. Fino ad allora il papa veniva eletto «per clerum et populum romanum» come gli altri vescovi. Ad esempio Teoderico elesse da solo il successore di Giovanni I morto in carcere. Non altrimenti si comportarono i bizantini con l'elezione di Vigilio (538) e di Pelagio (555). Comunque al suddetto metodo si unì il controllo del potere civile che conferì all'imperatore un intervento diretto nella nomina dei vicari di Cristo. Ciò comportò difficili rapporti fra Chiesa e Impero. Niccolò II invece affidò l'elezione pontificia ai cardinali, escludendone l'imperatore.

I cardinali erano i titolari delle diocesi suburbicarie (Ostia e Velletri, Tuscolo, Sabina, Albano, Silvacandida ecc.) e furono detti cardinali-vescovi. I titolari delle chiese romane (Dodici Apostoli, S. Lorenzo in Lucina, S. Adriano, S. Angelo in Pescheria ecc.) vennero denominati cardinali-preti. I titolari delle diaconie furono i cardinali-diaconi. Al popolo romano fu riservata l'*acclamatio* del nuovo papa e agli imperatori la successiva ratifica. Le norme del Conclave, oggi vigenti, sono ancora quelle di Niccolò II corrette da Gregorio X (1274) che stabilì la clausura dei cardinali in Conclave, per ridurre il periodo di vacanza papale. Tali disposizioni al pari dei concili e dei concistori rafforzarono in Italia la Chiesa scossa da lunghi periodi di sede vacante. La penisola fu quindi disseminata di parrocchie, *pievi* e abbazie che saldarono sempre più il cattolicesimo all'Italia in cui il pontefice, tranne per il settantennio del papato avignonese e per quello del grande Scisma, restò quasi sempre presente.

La riflessione sull'organizzazione ecclesiastica non può esimerci dal far cenno almeno ai moti ereticali: Catari, Patarini, ecc., interessanti in vario modo la vita italiana dall'XI al XIV secolo. Secondo l'indagine erudita cinquecentesca tali eresie dovevano ricollegarsi ai moti dottrinali dei primi secoli del Cristianesimo, al manicheismo per esempio e furono intese come motivo di devianza ideologica. Più recenti studi invece interpretarono i moti ereticali come intendimenti di spiriti liberi, battutisi per un'autonomia amministrativa di culto e di pensiero, inteso nel nome della fede cristiana che si volle purificata dalle contaminazioni della Chiesa delle gerarchie e connessa alle fonti evangeliche, interpretate da sacerdoti e vescovi contrapposti a quelli delle strutture ufficiali.

18. *Abruzzo e Molise*

Fra le prime a ricevere la predicazione evangelica comparve la provincia Valeria ove furono presenti antichi vescovadi e una forma di monachesimo autoctono, difforme dal più tardo benedettino. L'occupazione longobarda – VI-VII secolo – provò quelle terre con la distruzione di Amiterno e Corfinio. Con il ducato di Spoleto, Faroaldo occupò la Sabina e i successori Ariulfo e Trasmondo presero la Marsica e il territorio dei Peligni. I duchi longobardi di Benevento si annessero invece le terre teatine. Con l'avvento dei franchi – IX secolo – anche Chieti passò a Spoleto e tutto l'Abruzzo (il Reatino, Forcona, Valva, Chieti, le zone Pinnensi e Marsicane) a partire dall'843, amministrato dai gastaldi, restò sotto il potere dei duchi e venne costituito in una salda organizzazione comitale. Nel 926 quando Ugo di Provenza assunse la corona, il suo alleato borgognone Attone, insieme con Bernardo, ottenne l'investitura comitale del paese dei Marsi e attorno a un iniziale nucleo appenninico si unificarono i surricordati territori abruzzesi con la Sabina reatina e l'aggiunta del teramano, da allora parte integrante della regione. I discendenti di Berardo dei Marsi governarono l'Abruzzo suddiviso in piccole, discordi Signorie nella seconda metà dell'XI secolo entrate nell'orbita del potere normanno, con la spedizione di Riccardo di Capua (1067) e del figlio Giordano (1077). Tra l'XI e il XII secolo Roberto il Guiscardo e i successori si impadronirono delle pertinenze abruzzesi e molisane, destinate ad unirsi al regno normanno di Sicilia, allorché Ruggero II prese possesso del Mezzogiorno d'Italia, possesso confermato a Guglielmo I (1156) che ne fu investito a Benevento da papa Urbano IV. L'Abruzzo divenne poi svevo e nel 1189 si schierò con Enrico VI e Costanza d'Altavilla, mentre Pietro, conte di Celano, e Berardo di Loreto, conte di Conversano, assunsero il baliato di Federico II. Negli anni successivi tuttavia, l'Abruzzo sposò la causa di Ottone IV di Brunswick e ciò guastò i successivi rapporti con Federico II e con Corrado IV i quali però si mostrarono ugualmente solleciti verso le terre settentrionali del regno. Alterne vicende esse attraversarono durante l'età angioina e aragonese che videro impoverita e in guerra, una zona in precedenza arricchitasi di belle città e di organizzazioni monastiche. Comunque dal '300 l'Abruzzo divenne territorio di conquista e passò da una dinastia all'altra, senza risollevarsi dalla crisi che lo sconvolse: dagli Angioini durazzeschi a Giovanna I e a Giovanna II e poi da un conflitto all'altro fino a che, alla discesa di Carlo VIII, l'Aquila non aprì le porte ai francesi.

L'AQUILA. Facendo propria un'idea di papa Gregorio IX – così parve – Federico II avrebbe divisato di creare la città dell'Aquila, le cui pratiche di fondazione cominciarono però dopo la sua morte, tanto che solo suo figlio Corrado IV si pretende ne predisponesse il diploma di fondazione. In realtà, per impulso imperiale o autonomo, i popolani di quella terra nel 1254, sbarazzatisi dei feudatari imperiali, fondarono la nuova città riconosciuta da Alessandro IV nel 1257 con l'attribuzione di una sede vescovile, cui fu presto sottomessa la diocesi di Amiterno. Dopo un periodo di contrasti con Manfredi, l'Aquila si affermò pienamente con Carlo I d'Angiò che ne fece un forte centro, destinato a sostenere lo sforzo di Napoli, divenuta nuova capitale del Regno. Nel 1294 nella basilica di Collemaggio fu incoronato pontefice Celestino V che dette vita ad un brevissimo ma intenso pontificato, da lui interrotto dopo meno di un semestre. Nel '300 la città si rafforzò con Giovanna I, Carlo di Durazzo, Luigi di Taranto e con la signoria di Lalle Camponeschi, connestabile del regno. Fama ebbe anche nel '400 per la coltura dello zafferano, oltre che per le sue industrie del metallo, del cuoio e dei merletti. Coinvolta nella torbida situazione politica italiana, dopo aver accolto Carlo VIII, si dette agli Spagnoli, proclamandosi infine obbediente a Carlo V.

SULMONA. Ricca di storia e di monumenti, divenne sede di giustizierato e con Carlo I d'Angiò fu importante in quanto situata sulla via Valeria che conduceva da Roma all'Adriatico e sullo snodo fra quest'ultimo, il Sannio e il Napoletano. Purtroppo ai non pochi monumenti esistenti non possono aggiungersene altri distrutti da numerosi terremoti. Il complesso di quel centro è tuttavia di particolare e sobria eleganza.

RIETI. Dopo la dominazione gota fu retta da un Priore e diventò importante gastaldato come altri centri della Valeria, quindi divenne comitato, più volte sottoposto, come altre zone della Sabina alle devastazioni dei Saraceni. Sino al 1149 non mutò la sua condizione, poi in quell'anno fu assediata e conquistata da Ruggiero di Sicilia. Nel 1171 si trasformò in comune consolare, distaccandosi dalla tradizione delle consorelle abruzzesi e nel 1198 presentò atto di omaggio a Innocenzo III. Da quell'epoca si considerò quindi *devota figlia della Chiesa*. Nel '300 tuttavia, la lontananza dei papi favorì l'ingerenza dei sovrani angioini; ma con il 1354 e l'arrivo del cardinale Albornoz la città tornò sotto l'usbergo pontificio non abbandonato neppure allorché fu sede della signoria degli Alfani (XIV-XV secolo).

TERAMO. Devastata da goti, longobardi e ungheri venne aggregata al ducato longobardo-spoletano, diventò poi sede di comitato, quindi di vescovo. Con gli Svevi di cui fu alleata, fu aggregata al giustizierato d'Abruzzo. In contrasto con gli Angioini venne privata di non pochi diritti da Carlo I e Carlo II. Nel XIV-XV secolo conobbe lotte intestine tra la fazione dei Melatino, appoggiati dagli Acquaviva, e dei della Valle. Entrata nelle complicate vicende delle successioni Angioine e Aragonesi, nel 1321-1424 fu occupata da Braccio da Montone e nel 1428-1443 da Francesco Sforza.

CHIETI. Divenuta comitato nell'843 con propria dinastia, cadde in mani normanne nel 1078. Gli Svevi le conferirono autonomia e gli Angioini mantennero la contea sotto famiglie provenzali. I sovrani Aragonesi, a loro volta, furono amici di Chieti cui, fra il 1459 e il 1495, venne concesso il diritto di battere moneta.

19. *Alimentazione e sanità*

La fame fu uno spettro che attraversò angosciosamente l'età medievale, quindi anche l'Italia, ove il clima e la fertilità del territorio resero a tratti meno drammatico recuperare il cibo per nutrire la gente, ma a soffrire furono specialmente i poveri, numerosi e privi di aiuti che non fossero di ecclesiastici o di sovrani. Procurarsi da mangiare, garantirsi l'acquisto, la conservazione e la confezione delle derrate alimentari fu allora problema complesso; pressante e difficile si rivelò l'esigenza del rifornimento rapido e conveniente di generi di prima necessità, vuoi per il prezzo, vuoi per la qualità e ciò in specie allorché ci si provvide di prodotti provenienti da grandi distanze e perciò da far giungere in seguito a viaggi lunghi e dispendiosi. Le difficoltà dei periodi normali furono comunque superate da quelle ingenti delle epoche di carestia, di siccità, di piogge, di nevicate e gelate, di inondazioni, che resero più complicato alimentarsi. Le guerre, gli assedi provocarono la più completa rarefazione dei mercati e chi non poteva sfamarsi sui propri terreni o su quelli dei vicini era spesso costretto a morire di fame.

Il periodo delle invasioni barbariche, degli assalti saraceni, degli ungheri, le guerre fra Comuni e Signorie costituirono vere calamità per le tavole dei poveri e degli agiati. Anche in tempi normali tuttavia, l'alimentazione si rivelò un grosso problema della società medievale il cui cibo fondamentale fu costituito dai cereali e dal pane, mangiato quasi da tutti in grande quantità, confezionato con vari tipi di farina integrale mischiata a segale o bianchissima, nelle occasioni festive. Il vino, bevanda preferita per il suo potere calorico, fu bevuto in abbondanza, ebbe alta gradazione nelle festività, mentre di seconda scelta o mischiato con acqua venne consumato nei giorni feriali. Il maiale apparve sempre piatto forte della mensa dei ricchi e poveri, usato per ricavarvi carni insaccate, lonze, prosciutti, salami, salsicce conservate sotto pepe e spezie e adoperato anche come condimento (strutto e lardo).

Naturalmente l'olio fu condimento privilegiato, seguito dal latte di mucca e di capra, bevuto e adoperato per farne formaggi, ricotte, caciotte, grana e pure per insaporire carni, verdure e uova.

La caccia, nonostante i molteplici divieti comunali e signorili, fu una riserva di cibo a buon mercato: cinghiali, lepri, caprioli, pernici, fagiani, starne, cervi, daini, scoiattoli, gru, tordi, passeri, usignoli, astori, girifalchi, oche, galline, galletti, faraone, e pappagalli (il pasticcio di lingue fu vera leccornia!), pavoni e capponi troneggiarono sulle tavole al pari di conigli, capretti, pecore e agnelli, mentre scarseggiò la troppo cara carne di bue. In una penisola ricca di mare e di fiumi come la nostra, la pesca fu alimento ricercato. Lungo i fiumi, lucci, granchi, tinche, storioni, scardove e in mare tutti i pesci reperibili nel Mediterraneo divennero piatti gustosi, ricercati e cari in epoca quaresimale (taluni Comuni per calmierare i prezzi ne vietarono la vendita).

Frutta fresca e secca, verdure e legumi furono più mangiati delle carni e utilizzati specialmente nella cosiddetta «cucina povera» che, con fantasia e lunghi preparativi, raggiunse buoni risultati pur senza l'impiego di prodotti costosi. Di uso comune furono lo zafferano, il nero di seppia e le verdure tritate per colorire le pietanze di giallo, di nero e di verde (assente dalle mense era allora il pomodoro). Raramente ci si servì dello zucchero, sovente di canna e non raffinato e sostituito da fichi secchi, castagne, mandorle, carrube, mescolati a latte, grano fresco, noci e nocciole. Pepe, cannella, garofano, galengro, cinnamomo, coriandolo, zafferano furono tra le spezie più adoperate per insaporire, conservare e preparare medicamenti cui si ricorreva spesso. Una sostanziale differenza si fece allora fra le varie cucine: quella di corte e delle famiglie nobili, quella dei conventi e delle abbazie e quella dei contadini, quella infine di chi condusse vita precaria e priva di sostentamento.

Per tutti furono poi onerosi i problemi della conservazione degli alimenti. I cibi, spesso avariati e mantenuti privi delle necessarie precauzioni igieniche, furono veicolo di malattie. La mancanza del sale, specie nelle zone lontane dal mare, procurò l'idropisia e gli alimenti spesso contaminati dagli insetti o dai topi, divennero origine di spaventose epidemie. La cattiva alimentazione e la mancanza di igiene furono insomma cause comuni di mortalità e di abbassamento del livello di vita. In proposito va precisato che la mortalità infantile e gli aborti numerosi di donne mal nutrite e costrette a duro lavoro furono difficilmente calcolabili. La durata media della vita nella società medievale, di rado superò i 30 anni. Un quarantenne era già più che maturo, un cinquantenne era un vecchio. Le donne sposavano fra i 14-16 anni e cariche di figli, apparivano come vecchie fra i 25 e i 30. A morire prima erano i poveri, anche se la mortalità precoce colpì pure le famiglie agiate, quelle dei nobili e dei sovrani.

La mancanza di igiene causò vari tipi di mali: quello del cavo orale faceva guastare presto i denti che, anneriti ed estratti, con grande dolore, davano alla bocca un aspetto tutt'altro che edificante e provocavano infiammazioni. Anche gli occhi erano colpiti da varie malattie. La cecità era dolorosa e del tutto incurabile: l'immagine degli occhi bucati fu una delle più terribili del Medioevo. Diffusa e micidiale fu la tubercolosi, spesso accompagnata da gonfiore di glandole. Tra le malattie della pelle il primo posto spettò alla lebbra accompagnata da ascessi, cancrena, scabbia, ulcera, tumori e cancri, eczema e risipola. Storpi, gobbi, zoppi e paralitici furono anch'essi incurabili e così le malattie nervose, il ballo di S. Vito, il fuoco di S. Antonio, la follia, si curavano con esorcismi e terapie superstiziose, destinate a completi insuccessi.

Le malattie infantili erano numerose e, per curarle, si invocavano i santi patroni: S. Agapito per il mal di denti e per le coliche, S. Cornelio per le convulsioni. Ogni malanno fu comunque difficilmente affrontabile, specie quando necessitavano interventi chirurgici o riduzione di arti e ingessature, mentre la mancanza dei più normali principi di disinfezione fu causa di innumerevoli decessi postoperatori. Anche di parto si morì con frequenza, nonostante le invocazioni a S. Anna. Nel complesso delle condizioni sanitarie, rispetto alla chirurgia, la medicina fu senza dubbio più progredita, vuoi per l'uso dei farmaci, vuoi per i metodi di intervento e cura. I medici arabi godettero di buona fama e del pari quelli ebrei, ma anche i nostri furono a volte celebrati. La chirurgia però era un'avventura destinata alla sconfitta. Numerosi medici si preparavano presso la Scuola salernitana, come si sa la più antica d'Europa, e la medicina bolognese godette di pari rinomanza. Ciò non toglie che le cure fossero spesso empiriche. Pochissimi strumenti soccorrevano il medico che non disponeva di analisi (i liquidi organici del paziente erano esaminati a occhio).

La medicina galenica si avvaleva delle piante medicinali e di spezie, sciroppi, polveri, pastiglie talvolta efficaci e risolutive. Oltre alle spezie, rabarbaro, cascara, genziana, tarassaco, alloro, aloe, manna, senna, malva, papavero, camomilla, orzo, avena, miele, gelsi, aglio, sale, aceto, latte di mandorle, costituirono la base per sciroppi, emulsivi, revulsivi, pasticche, infusi. La disinfezione fu quasi unicamente legata all'aceto o alle muffe usate per rimarginare le ferite, mentre l'allume arrestava le emorragie. Le fosse comuni per seppellire appestati, lebbrosi, colerosi, morti in guerra, erano sigillate con la calce di cui si conoscevano le capacità di respingere germi infettivi altrimenti inarrestabili. Nelle campagne ogni assistenza, sia pur deficiente, si rarefaceva del tutto. Nelle città invece l'intervento dei sanitari era ricorrente e non mancarono gli ospedali.

A Roma, per esempio, sin dall'alto Medioevo ve ne era uno di fronte a S. Giovanni in Laterano (ancora oggi esistente) e nell'isola di S. Bartolomeo un presidio sanitario era presente dall'età tardoimperiale, accompagnato da un ospedale ebraico. Innocenzo III fondò l'ospedale di S. Spirito di Sassia, ai primi del '200, sorto sull'area di un vetusto *xenodochio*. Le strutture ospedaliere ebbero scarsa specializzazione dei locali. Negli ambienti ove giacevano gli infermi, i medici praticavano le loro medicazioni, cauterizzavano, facevano enteroclismi nella più scarsa osservanza di norme igieniche e ciò favorì l'insorgenza di epidemie. Rispetto all'assistenza medica dunque, fu superiore quella spirituale affidata ai religiosi e i malati, curati come si poteva, erano accompagnati verso una buona morte. I degenti venivano riuniti nelle corsie a centinaia quando si verificavano epidemie: peste, colera, febbri tifoidee e dissenteriche.

Lazzaretti, lebbrosari e ospedali per incurabili si moltiplicarono dopo la pestilenza del 1348 e vennero dislocati distanti dall'abitato. Gli ospedali nacquero da fondazioni ecclesiastiche o private, per iniziativa di confraternite e delle corporazioni di arti e mestieri. L'*Universitas* ospedaliera fu diretta da un *magister*, spesso sacerdote, eletto e dotato di eccezionali poteri. Al suo seguito stava un *corpus* di *fratres* e di *famuli*, assistenti e infermieri seguaci di una Regola, pur se non appartenenti a una professione religiosa. Concludendo, nelle città in periodi normali l'assistenza medica non fu del tutto assente, pur se le condizioni generali, l'assenza di principi igienici, l'incapacità della prevenzione, l'impossibilità di evitare il contagio e di curare la maggior parte delle insorgenze morbose, resero difficile la diagnosi e ancor più la cura, mentre la guarigione restò affidata al caso e alla buona complessione dei pazienti.

20. *Campania*

Governata dagli ostrogoti poi da Giustiniano, la Campania perdette l'unità nel 570 quando i longobardi occuparono Benevento e costituirono uno Stato anche a Capua. Da allora Napoli fu capoluogo del ducato bizantino. Nel VII-VIII secolo essa si articolò in gastaldati e centri di potere che furono ricondotti da una parte al ducato beneventano, dall'altra a Bisanzio. Autonoma restò la parte settentrionale con Gaeta, ceduta poi da Carlo Magno al papa. Mentre nel IX e nel X secolo continuò la vita del ducato autonomo ereditario, la vita marinara della regione si sviluppò a Napoli, Amalfi, Gaeta, fino a quando nel 1030 i normanni non costituirono una prima contea in Aversa, da cui mossero per soggiogare tutta la regione. Le conquiste normanne si raccolsero nel 1139 sotto Ruggero II di Sicilia e da allora la vita della Campania si confuse con quella del regno siciliano fino al 1282, quindi divenne centro della storia del regno, dopo i *Vespri*, allorché la capitale passò da Palermo a Napoli. Angioini e Aragonesi contribuirono in vario modo allo sviluppo di quella terra.

NAPOLI. Occupata da Odoacre poi dai goti, quindi espugnata da Belisario (536), passata a Totila (542), dopo la battaglia del Vesuvio tornò bizantina (553). Con il VII-VIII secolo la città conobbe un'amministrazione ducale indipendente; dal IX al XII secolo essa diventò più autonoma, retta dai duchi ereditari, destreggiatisi per liberarsi dalla Longobardia minore, dagli arabi e dai normanni che l'accerchiarono. E quando Salerno con il Guiscardo divenne preda dei normanni, Napoli fu cinta di duro assedio (1077-1078). Antinormanna fu la sua politica fino a Sergio VII (1137), sottomessosi a Ruggero II di Sicilia, allorché questi (1131), in forza della bolla di Anacleto II, impose la resa alla città che in un decennio diventò il maggior centro normanno della penisola. Fra il 1144 e il 1246 la città flegrea conobbe momenti di ripresa economica, e ricevette aiuti ed attenzioni politiche. Tuttavia soffrì sia sotto i normanni, sia sotto gli Svevi per essere virtualmente sottoposta alla potestà salernitana. Federico II accolse invece le aspirazioni napoletane, ingrandì l'abitato e il porto, donò ai sudditi Castel Capuano e, nel 1224 inaugurò l'università. La sorte partenopea mutò tuttavia con Carlo I d'Angiò e la sua vittoria, conseguita a Benevento contro Manfredi. La città divenuta capitale festeggiò il vincitore fino a che, vessata dal fiscalismo angioino, idealizzò il buon re Manfredi, figlio di Federico. Dopo la decapitazione di Corradino di Svevia in piazza del Mercato (1268), la città fu saldamente tenuta dagli Angioini che la oppressero.

Napoli, confermata capitale, crebbe però di chiese, mura, strade sontuose e castelli. A Castel dell'Ovo e al Capuano, fra il 1279 e il 1281, fu aggiunto un terzo castello detto Nuovo, divenuto sede angioina di Carlo II, di Roberto e Giovanna I. Le fortificazioni di Sant'Elmo si arroccarono a San Martino, mentre ai due antichi porti e all'arsenale vecchio si affiancarono il nuovo porto di mezzo, altre due darsene e, a metà del '300, il Molo grande e il Molo piccolo. Intorno al 1340 la città aveva 60 mila abitanti. Fu quello il momento in cui re Roberto la influenzò beneficamente, arricchendola con la presenza di letterati, artisti, uomini illustri. Alla sua morte (1343) era insoluta tuttavia la questione siciliana e la crisi scosse Napoli durante il regno di Giovanna I (1343-1382), leggera e dissoluta e durante quello di Luigi I di Ungheria (1342-1382). Luigi di Taranto, Luigi d'Angiò e Carlo di Durazzo aggravarono la situazione partenopea, divenuta grave quando Giovanna venne deposta dal trono e strangolata (1382). La città toccò il fondo della decadenza con la corrotta Giovanna II (1414-1435), mentre l'amministrazione cittadina si dissolse con Luigi d'Angiò e Renato d'Angiò. Alfonso d'Aragona poi conquistò il regno nel 1442, inaugurandovi un'era di splendore nelle arti e nelle lettere e facendo di Napoli uno dei maggiori centri d'Europa.

AMALFI. Minacciata dai barbari, poi assediata da Arechi di Benevento (783-785), rimase autonoma e legata a Napoli, forte del suo porto e dei commerci. Nell'836 la colpì ancora Sicardo di Benevento, ma la città mantenne l'indipendenza divenendo un ducato estesosi da Scala a Ravello, da Praiano a Pontano, da Maiori a Minori, a Cetara. Le appartenne poi Capri. La posizione, l'industriosità, la capacità dei suoi abitanti, la resero grande. Fu anello della catena tesa con Leone IV contro gli arabi (849) e con Giovanni VIII ripeté il prodigio rinnovatosi poi con Giovanni X al Garigliano (915). Guidata dai *Prefetturi* e dai *comites*, ebbe un'ordinata politica interna e un'attività commerciale estesasi fra Tirreno e Adriatico. Dalle coste bizantine alle arabe, con fondachi e colonie in Terra Santa, accanto a quelle pisane, genovesi, veneziane e alle fiorenti colonie pugliesi essa divenne allora una delle più forti città marinare italiane fino all'occupazione di Roberto il Guiscardo (1073). Per decenni durò la resistenza antinormanna e anche gli Svevi furono lì malsopportati. In competizione con Pisa e Genova che poi la sopravanzarono, Amalfi fu prospera e colta, come attestano la *Tabula amalphitana*, la diffusione della bussola, conosciuta attraverso gli arabi, le codificazioni marittime, le splendide chiese disseminate in città e sulla costa, impreziosite di mosaici, splendidi oggetti, stoffe orientali.

BENEVENTO. Ducato fra il 570-571, distaccatasi dal corpo centro-settentrionale dei possessi longobardi, già nel VII secolo fu la parte meridionale di quel dominio, estendendosi fra Campania e Puglia, Calabria e Lucania. Agilulfo (591), Aione (641), Rodoaldo (642), Grimoaldo (647), Romoaldo II (706) furono fra i più celebri duchi che, nel secolo VII lasciarono la confessione ariana e le vecchie pratiche pagane, abbracciando la fede romana, anche se nelle campagne restò l'uso di riti magici, l'adorazione di immagini di animali nonché di alberi – il noce ad esempio – e la presenza della stregoneria fu abbastanza radicata. Quando, verso la fine del secolo VIII, Pavia cadde in mano a Carlo Magno, il ducato beneventano fu elevato a principato e come tale si oppose ad arabi e bizantini, liberò Bari, tenne testa alla vicina dinastia capuana e ai tentativi degli imperatori Ottone II e Ottone III, e nel 1047 chiuse in faccia ad Enrico III le porte della città, ripetendo il gesto contro i papi Clemente II e Leone IX (1050). Quest'ultimo però scomunicò Landolfo VI, il figlio e i sudditi. Allora papa Leone fu riconosciuto signore e Benevento divenne vassalla della Santa Sede. Con il 1077 e la morte di Landolfo terminò il ducato, ma Benevento tornò alla ribalta nel 1266 allorché il 26 febbraio nella piana circostante, Carlo I d'Angiò sconfisse gli svevi e il ghibellinismo italiano. Gli arcieri siciliani furono allora battuti dalla cavalleria angioina e Manfredi morì da valoroso e fu sepolto, come ricordò Dante, «in co' del ponte, presso Benevento, sotto la guardia de la grave mora».

GAETA. Divenuta sede vescovile nel IX secolo, liberatasi da Napoli, fu capitale di un ducato indipendente da Bisanzio, guadagnando importanza nella vicenda meridionale. *Ipata*, console, duca fu denominato il capo della città che ebbe legislazione autonoma e batté moneta. La dinastia si inaugurò con Docibile I (872) e finì con Giovanni V (1032). All'ordinata amministrazione interna che l'ingrandì, arricchendola di sontuosi monumenti, fecero riscontro i commerci marittimi a livello internazionale. Le sue navi parteciparono alla battaglia di Ostia (849), a quella del Garigliano e si opposero ai normanni; i suoi mercanti furono nei porti e nei mercati e fondachi di tutto il Mediterraneo. Passata dai longobardi ai capuani e salernitani, presa da Riccardo di Capua e da Ruggero II, indomita e valorosa, Gaeta si ribellò poi a Federico II, a Giacomo d'Aragona (1249) e a Ferrante d'Aragona (1463).

SALERNO. Come la maggior parte dei centri meridionali fra V e IX secolo, fu preda di goti, vandali, bizantini e longobardi, penetrativi da Benevento. Dall'839 fu capitale di un principato indipendente, distinguendosi per la cultura in cui eccelse la scuola medica (IX sec.). Dal 1075 divenne normanna. Nel 1085 vi morì Gregorio VII, portato lì da Roberto il Guiscardo. Entrata nel regno normanno (1127), fu fedele a quei re come attestano il cronista Romualdo Salernitano e il cancelliere Matteo d'Aiello. Malvista dagli Svevi, decadde. Carlo lo Zoppo e Giovanna I la elessero a principato, ma nel 1419 Giovanna II la cedette in feudo a Giordano Colonna che la trasmise agli Orsini, quindi ai Sanseverino.

21. *Viaggi e viaggiatori*

Fin dalle origini i cristiani viaggiarono molto in Oriente e in Occidente, nei secoli delle persecuzioni. Poi, quando con Costantino e Teodosio (313-392) acquistarono cittadinanza e preminenza sulle altre religioni, si spostarono per visitare i luoghi del martirio degli apostoli, ove si erano affermate le prime comunità. Pur privi dei loro *itinerari* riteniamo che i fedeli ne avessero per effettuare le suddette visite, fare le devozioni e acquistare le reliquie. Fin dai primi secoli si moltiplicarono i viaggi dei cristiani a Roma per venerare le tombe di Pietro e Paolo. Anche i *Papiri degli oli di Monza* attestano i percorsi dei pellegrini del secolo VII che dall'Urbe recarono come reliquia l'olio posto nelle lampade votive portate dalle chiese romane alla regina Teodolinda che collocò il tesoro nella cattedrale monzese, da allora meta di pellegrinaggi.

L'*Itinerarium di Einsiedeln* (VIII sec.) e i *Mirabilia Urbis Romae* (secolo XII) costituirono una sorta di guida turistico-religiosa della capitale del Cristianesimo e furono utilizzati da viaggiatori sempre più numerosi e curiosi. Oltre ai fedeli si spostarono i commercianti costretti per il loro lavoro a percorsi difficili. Anche i governanti si mossero spesso. Viaggiarono i pontefici: Silverio (536-537) e Martino I recatisi a Costantinopoli per esservi processati, Stefano II (752) recatosi in Francia per incoronarvi Pipino, Leone III rifugiatosi presso re Carlo, prima di incoronarlo imperatore a Roma (800). Frequenti visite nei loro territori compirono gli imperatori Carlo Magno, Lotario, Carlo il Calvo, Ottone I e Ottone II, Ottone III e Enrico III e Enrico IV e convennero spesso a Roma, oltre che per venerare i luoghi santi, per combattere il pontefice.

Più degli altri peregrinarono i *Romei* abituati a recarsi presso chiese e abbazie per venerarvi i santi protettori in occasione delle loro feste. Con il '300, soprattutto con l'anno santo, si infittirono le schiere dei pellegrini, convenute nell'Urbe da ogni parte. A proposito del I Giubileo indetto da Bonifacio VIII, Giovanni Villani racconta di aver visto nella città santa turbe di fedeli recatisi a S. Pietro per lasciarvi l'obolo. Fra i presenti all'inconsueta cerimonia sarebbe stato lo stesso Dante.

Con il XII-XIII secolo e gli Ordini mendicanti alle schiere di viaggiatori si aggiunsero Francescani e Domenicani usi muoversi a piedi per predicare e raccogliere elemosine. Si infittirono poi i trasferimenti dei commercianti volti a percorrere la penisola e tutto l'Occidente a piedi, tanto che in inglese antico, il commerciante era denominato «piede polveroso». Fiere e mercati divennero spesso centro di correnti di traffico oltre che di affari. Anche capitani di ventura e *milites* si spostarono per organizzare le compagnie e portarle alla guerra. Sul fatto dunque che gli italiani viaggiassero molto non vi sono dubbi. Ma come si mossero e in quali condizioni? I viaggi più comodi e rapidi si svolgevano per mare, i bastimenti procedevano lungo le coste per evitare incontri di pirati. Da Genova a Pisa, a Gaeta, ad Amalfi, da Palermo a Bari, Ancona, Venezia, Pola e Zara, pullularono imbarcazioni, commerci e viaggiatori. Agevoli furono, specie nel nord, i viaggi lungo i fiumi. Il Po, l'Adige, il Brenta, ma pure il Tevere e l'Arno, costituirono percorsi preferenziali e, quando i fiumi erano meno ricchi di acqua, le barche venivano sospinte da terra dai marinai provvisti di corde, cavi, gomene, gherlini e torticci impiegati per evitare l'insabbiamento delle imbarcazioni.

Carrozze e cavalli furono mezzo di trasporto preferenziale ma non rapido: 15-20 chilometri al giorno, quando le condizioni meteorologiche e stradali lo consentivano. I viaggiatori a cavallo utilizzavano la bestia per trasportare le merci e spesso la seguivano a piedi con grande fatica. Di norma i viaggi si effettuavano di giorno. Al calar della luce pedoni, cavalieri e naviganti si fermavano fino all'alba. Le navi erano ancorate nelle rade o sulle rive dei fiumi. Pedoni e cavalieri invece rimanevano nelle locande numerose e non male organizzate, luoghi di incontri avventurosi e a volte poco raccomandabili; ma tutto era preferibile agli spostamenti notturni poiché le strade, le foreste, le campagne erano meta di ladri, borsaiuoli, assassini e di una devianza numerosa e temibile e le soste in ogni caso si imposero. Fra i più spericolati viaggiatori furono gli attori, i circensi, i menestrelli e i giocolieri, tutti considerati, anche per la loro confidenza con la notte e gli incontri con uomini e donne di ogni risma e natura, come eretici e indemoniati, tanto che, alla morte, veniva loro negata la sepoltura in terra consacrata. Ciò conferma le difficoltà dei viaggi ma pure il fascino che il muoversi promise a quanti, e non erano pochi, amarono l'avventura e l'incontro con l'ignoto.

22. *Puglia*

Sebbene Bari sia considerata «caput Apuliae» la storia pugliese è riferibile a un gruppo di città, le cui condizioni peggiorarono nel V-VI secolo con la guerra greco-gotica e l'insediamento dell'esoso governo bizantino. Disordine ancor maggiore introdussero i longobardi che spezzarono in due la regione: il Nord con Canosa e il Gargano (ove la tradizione volle che nel 492 comparisse l'arcangelo Michele come angelo dell'Occidente, proteso verso Bisanzio) passò ai longobardi beneventani: il Sud rimase bizantino. Per poco poi si insinuarono in quelle terre, a Lucera, anche i franchi (882); a loro volta i saraceni, soccorrendo il beneventano Radelchi – metà secolo VIII – presero Bari e Canne. Mentre Bari in questa situazione si destreggiò e mantenne la sua autonomia da franchi, beneventani, saraceni e bizantini, altre città crebbero autonome e fra queste Trani e Bitonto. Fedeli a Bisanzio si mantennero Acerenza, Siponto e Troia. Bari per difendersi dai greci si accostò ai normanni. Decisiva in proposito per la Puglia fu la vittoria di Roberto il Guiscardo a Civitate sul Fortore (1054). Con la Puglia Roberto conquistò l'Albania, divenuta terra di passaggio dei crociati nel 1202-1204.

Con il XII secolo tutta la regione divenne normanna. Nella lotta fra Tancredi ed Enrico VI (1195) e durante la minorità di Federico II, le città pugliesi si divisero fra Innocenzo III, Ottone IV e Federico. Foggia, Troia, Trani, Barletta Terlizzi e Bari si affidarono a quest'ultimo che le considerò fra le zone predilette del Regno siciliano. Alla corte di Federico prevalsero i pugliesi mentre chiese, cattedrali, castelli attestarono la prosperità del regno, il fiorire delle belle arti e il mecenatismo dell'imperatore. Le fiere di Lucera, di Bari, di Taranto, di Venosa e Altamura resero prosperi i commerci. Federico e Manfredi ebbero pure il predominio delle coste albanesi. Il passaggio dagli Svevi agli Angioini allentò il rapporto della Puglia con il Regno. Le città si divisero tra Sforzeschi e Bracceschi, a volte fedeli a Roberto a volte a Giovanna I, in cerca quand'erano sul mare di accordi stipulati con i veneziani. Gli angioini dominarono poi anch'essi quasi per intero l'Albania e, verso il 1275, conquistarono anche l'Epiro. Con Giovanna II si moltiplicarono i contatti con Venezia e con le città adriatiche della costa slava, in particolare con le dalmate ma ancora una volta con le terre della prospiciente Albania che conobbero il predominio durazzesco e veneziano. Le lotte tra Angioini e Aragonesi, la presenza dei capitani di ventura e delle truppe mercenarie sconvolsero la Puglia nella prima metà del '400 e la pace tornò con la vittoria di Alfonso d'Aragona, al quale le città – Bari, Andria, Trani, Manfredonia, Troia, Molfetta, Bitonto, Taranto, Altamura – giurarono fedeltà, chiedendo sgravi fiscali, provvidenze economiche e sostenendo la monarchia contro il baronaggio. Così a fine '400, nonostante le contese interne, il pericolo turco – si pensi al terribile assalto contro Otranto del 1480 – e l'incertezza della situazione politica successiva alla morte di Alfonso di Aragona (1458), la Puglia rimase tra le zone più progredite del regno.

BARI. Sugli altri centri prevalse Bari che, caduto l'Impero, passò a goti, bizantini e longobardi. Nel 669 essa fu saccheggiata dall'imperatore Costante II, poi ripresa dal duca Romoaldo di Benevento e presto venne ceduta ai bizantini. Diventata ducato, essa prevalse su Taranto e Brindisi. Ma nel IX secolo, per tornare con i beneventani, chiese l'aiuto dei saraceni che se ne impadronirono per oltre un trentennio (840). Liberata da Ludovico II essa tornò capitale bizantina nell'875, per ricadere in mano a Ottone I e poi a Ottone II. Nei primi dell'XI secolo conobbe gli assalti dei saraceni e la dominazione dura e fiscale dei Catapani bizantini sino a che i baresi, sotto la guida di Melo, con l'appoggio di Enrico II e dei longobardi non si ribellarono a Bisanzio (1015). Melo sconfitto, fuggì in Germania e la città entrò nella sfera di influenza normanna malsopportata fino a quando Guglielmo il Malo non fiaccò l'ultima resistenza barese. Con i nuovi dominatori quel centro si rafforzò, fu meta di commerci, di pellegrinaggi presso S. Nicola, divenuto patrono della città nel

1089 e, nel 1098, fu sede del grande Concilio di Urbano II. Il periodo migliore si rivelò quello di Federico II, Corrado IV e Manfredi. L'età angioina vide una lenta decadenza della città continuata nel periodo di lotte fra Luigi I, Luigi II, Ladislao di Durazzo e Giovanna. Bari fu allora feudo di Jacopo Caldora e, dopo l'arrivo degli Aragonesi, venne donata agli Sforza (1464) che la detennero con altre famiglie milanesi, contribuendo a comprimerne l'importanza commerciale e l'efficienza delle fortificazioni.

FOGGIA. Già nominata in una Bolla di Alessandro II (1069) conobbe il periodo più fulgido sotto gli Svevi. Federico II elevò lì il suo castello (1234), rafforzò le mura cittadine e considerò quel centro della Capitanata la sua capitale dell'età matura. Come altre città pugliesi, Foggia tuttavia non corrispose all'amore dell'imperatore cui si ribellò. Da questi riconquistata fu domata e in parte distrutta. Manfredi poi fu ivi incoronato e Carlo I d'Angiò ne fece un centro amministrativo. Ancora importante nel '300, tale rimase con gli aragonesi che nel 1480 la scelsero per sede del *Parlamento* generale contro i turchi, rafforzatisi dopo l'assalto a Otranto.

LECCE. A lungo fedele a Bisanzio, ebbe dalla Grecia vescovo, rito, cultura e moneta. Conquistata dai normanni nella seconda metà dell'XI secolo, divenne oggetto di cure da parte dei complessi monastici di Montecassino e Cava dei Tirreni. I normanni la predilessero, in particolare Tancredi che ne fu conte. Dagli Svevi agli Angioini e da questi ceduta ai di Brienne – la famiglia del duca di Atene – dovette loro nuove mura e imponenti interventi edilizi. Passata per successione agli Orsini del Balzo che l'unirono al principato di Taranto, nella seconda metà del '400 entrò fra i domini della casa di Aragona.

TARANTO. Per l'importante posizione divenne meta di assalti e conquiste di bizantini, longobardi, saraceni che la distrussero e ne fecero schiavi gli abitanti (927). Sempre tornata ai greci, con loro rimase anche quando i normanni conquistarono la Puglia sino a che fu occupata da Roberto il Guiscardo ed ebbe come arcivescovo Drogone. Assegnata a Boemondo d'Altavilla, diventò centro di imbarco per le Crociate. Fu sottoposta a Guglielmo il Malo e a Tancredi ma anche Federico II e Manfredi non riuscirono a dominarla completamente. Ligia, essa si mantenne invece a Carlo II d'Angiò e a Roberto che ne fecero la base per la conquista dell'Albania, per l'offensiva contro gli Angioini d'Ungheria e la riconquista dell'Impero d'Oriente caduto in mano dei turchi. Conquistata da Ladislao di Durazzo, ebbe pace solo con l'unione a Lecce e l'arrivo degli Aragonesi, allorché Ferrante I ne allargò i privilegi (1463).

23. *Calabria e Basilicata*

Scarse le notizie sul periodo romano-barbarico tranne che in quello teodericiano, allorché a quella terra appartenne il ministro Cassiodoro che vi trovò scampo e tranquillità nel *Vivarium*, presso Squillace. Squassata da invasioni e passaggi di truppe gote, bizantine, longobarde, nel 900 tornò greca con l'imperatore Niceforo Foca che ne fece un *Tema* dipendente da uno stratega. La durata dell'ellenizzazione del paese ben visibile nella lingua, nel diritto, nelle istituzioni, nella liturgia e nel clero, dopo la lotta iconoclasta aggregato al patriarcato d'Oriente, non garantì a quei luoghi sicurezza e benessere. Da sole, ad esempio, dovettero difendersi le città dai saraceni che le invasero ripetutamente dal IX secolo in poi. Oppresse dal fiscalismo, in crisi agricola esse erano, al termine del primo millennio, le più regredite della penisola. Quando Ottone II (982) e gli assalti arabi interruppero la dominazione bizantina, cominciarono a insinuarvisi con successo i normanni. Così fra il 1052-1059 Basilicata e Calabria entrarono a far parte della monarchia siciliana. Allora la Lucania, divenuta autonoma con Diocleziano ma priva di vitalità, ritrovò vigore potenziando la vecchia via Papalia che da Capua, attraverso la valle del Sillaro, raggiungeva il Crati e Reggio. Si rafforzarono altresì le località principali di Nerulum e Grumento, poi Potenza e, nel XIII secolo, Matera. I normanni insomma garantirono sicurezza, rapporti sociali, nonché il miglioramento dell'agricoltura e favorirono gli scambi con le città siciliane e pugliesi. Tornò a Roma la gerarchia ecclesiastica con la penetrazione del monachesimo occidentale di Gioacchino da Fiore, il mistico cistercense poi fondatore dei Florensi, tipica espressione di quella spiritualità. Con l'istituzione dei Giustizierati, non minori premure gli Svevi ebbero per calabresi e lucani, che sostennero Federico II e Manfredi contro Pietro Ruffo e l'esercito di papa Alessandro IV. Con il *Vespro*, Calabria e Lucania parteggiarono per la Sicilia e Carlo d'Angiò le domò con le armi. Con la pace di Caltabellotta si iniziò per la Calabria un ciclo di tristi eventi che abbatterono la sua economia, legandola ai Baroni che ne assorbirono le ricchezze, mantenendola depressa, fino alla perdita dell'indipendenza del Regno di Napoli (1503). Nel frattempo poche città si mantennero autonome come Cosenza, e la vita municipale, nel '300, conobbe momenti drammatici per le lotte fra nobili e clero. Tirannico fu il fiscalismo angioino e aragonese. Contro di esso, oppressi dalla miseria e dalla prepotenza, nel 1459 si levarono con furore i contadini calabresi capeggiati dall'avventuriero spagnolo Antonio Centelles, volto al recupero dei possedimenti confiscatigli da Alfonso di Aragona. Ma Ferdinando I annientò la rivolta colpendo i feudatari che tentarono di avvantaggiarsene.

COSENZA. Occupata dall'ostrogoto Alarico che vi morì e vi fu sepolto, nel Busento (410), poi gastaldato longobardo passato nell'847 a Siconolfo, principe di Salerno, riconquistata dai bizantini fu infine predata dai saraceni. Il governo normanno-svevo la sollevò dalla povertà in cui fu ricacciata dagli Angioini per aver sostenuto Manfredi e tornò a nuova vita quando risultò destinata a sede dell'amministrazione demaniale della Sila. Luigi III d'Angiò vi si stabilì ma alla morte del principe (1434), le guerre di successione aragonese e l'acceso fiscalismo di re Alfonso colpirono talmente gli animi, che nel 1458-1459 scoppiò una violenta insurrezione contadina cui sopra abbiamo accennato, non domata da Ferrante di Aragona, né dalle stragi di Maso Barrese e di Roberto Orsini e riesplosa durante la congiura dei Baroni.

ROSSANO. Assalita da Alarico e dai bizantini si arrese a Totila, quindi divenne bizantina. Ospitò l'imperatrice Teofane, moglie di Ottone II, ed ebbe onori e privilegi dagli Svevi e dagli Angioini. Infeudata dagli Aragonesi ai Ruffo, fu poi ceduta con Bari agli Sforza. Monumenti quali la chiesa di S. Marco e quella di S. Panaia attestano l'importanza anche artistica e culturale della dominazione greca. Nell'arcivescovato si conserva il famoso Evangeliario ovvero *Codice Rossanese* o *purpureo* di 188 fogli in pergamena, in onciali argentee, completo di 12 miniature del VI secolo, raffiguranti scene dalla vita di Cristo.

MATERA. Devastata da goti e longobardi, fu annessa al ducato beneventano e al principato di Salerno. Conquistata da Basilio I il Macedone, diventò un'importante piazzaforte attaccata da Atenolfo di Benevento, da Ottone II e dai saraceni. Ribellatasi ai bizantini (994), accolse i normanni. Nel 1061 fu conquistata dal conte Roberto di Montescaglioso al quale nel 1133 la tolse Ruggero II, inserendola definitivamente nel Regno del Sud.

POTENZA. Dominante la valle del Busento, il suo nucleo primitivo sorse in contrada Murata e fu tra le più antiche diocesi lucane. Filosveva e antiangioina, subì l'assedio di Ladislao di Durazzo che la occupò (1399). Nell'attuale posizione si spostò dopo il terremoto del 1273. Allora fu costruito il quartiere con la cattedrale e la chiesa di S. Francesco attestanti la cultura di un centro pur isolato e misconosciuto.

24. *L'agricoltura*

Nel Medioevo fu tra le maggiori fonti di sostentamento anche quando, durante i secoli delle invasioni barbariche (IV-VII), vere moltitudini abbandonarono le pericolose zone abitate per rifugiarsi nelle campagne, ove la condizione degli agricoltori più deboli fu egualmente insicura. Ebbe inizio allora la formazione dei patrimoni monastici, in cui la santa fama dei fondatori fece sì che si costituissero immense fortune terriere. I piccoli proprietari, impauriti dal fisco, chiesero protezione ai latifondisti, donando loro i fondi di cui conservarono l'uso come accommendati. Così padroni, coloni e conduttori di piccoli poderi donarono i beni ai monasteri vuoi per la salvezza spirituale – *pro anima* – vuoi per trovare protezione. I monaci amministrarono con lungimiranza e varie forme giuridiche un'agricoltura divenuta considerevole coefficiente di una ricostituita ricchezza fondiaria nell'Occidente. Agli accommendati il fondo fu assegnato con un contratto livellare a tempo indeterminato, dietro pagamento di un modico canone in natura e con l'obbligo di migliorare il terreno ricevuto.

Altra forma di concessione fu l'enfiteusi romana della durata di 99 anni. Il trattamento umano dei contadini, la sicurezza e la devozione di questi ultimi per i detentori di feudi costituirono così grandi patrimoni territoriali che incrementarono la produzione agricola dell'olio, del vino, del grano e una buona gestione del bestiame. Fra il VI e l'VIII secolo si formò pertanto un sistema di economia tendenzialmente chiusa denominata *curtense*. Nella *curtis* accanto alle case padronali vivevano gli agricoltori e gli artigiani, dando vita a piccoli nuclei abitati. I terreni delle *curtes* furono divisi in una parte *indominicata*, riservata al padrone e in una *massaricia* concessa ai coloni obbligati di lavorare i fondi padronali (*corvées*). L'affermazione dell'assetto feudale e l'ereditarietà del fondo strinsero il legame fra terra e contadini e, più difficile diventò per quel ceto dedicarsi ad attività diverse dalle agricole. Rimasero però allora anche liberi proprietari di beni terrieri – *allodi* – distinti dal feudo. Alla campagna ricorse l'immensa schiera dei coloni, dei servi della gleba, degli schiavi a cui il Cristianesimo portò qualche miglioramento in una condizione sociale tuttavia mai completamente riscattata. Nei secoli XI-XV in una società meno dedita alle armi e ai saccheggi si privilegiarono lavori pacifici nonché le Signorie fondiarie, nate fin dall'XI secolo, quando si registrò il miglioramento delle tecniche agricole.

L'attrezzatura per il lavoro dei campi in età carolingia era in prevalenza composta di due scuri, una marra, due succhielli, un'ascia, un sarchio, una pialla, un coltello a doppio manico, due falci, due falcetti, due badili ferrati. Con tali attrezzi e con i buoi era difficile coltivare la terra e farla rendere, ma dopo il Mille intervennero mutamenti: per il traino si utilizzò il cavallo con grande vantaggio. Si è calcolato infatti che, a pari carico, un cavallo percorreva 65 metri al minuto mentre il bue ne percorreva 45. La trazione pettorale sostituita a quella iugulare completò l'opera. Gli aratri a versoio migliorarono il sovescio e moltiplicarono la produzione del grano. Inoltre l'uso dei mulini evitò la macina a mano, liberò la mano d'opera e rese più umane le condizioni dei lavoratori. La maggior produzione derivò tuttavia dall'estensione delle colture. Dall'XI secolo si lavorarono sempre più le terre incolte, si prosciugarono le paludi, si arginarono i fiumi e, dopo 200 anni, le stesse zone bonificate apparvero più ricche di campi coltivati, terreni cintati, boschi governati. Si praticò il riposo dei campi, si continuò il disboscamento e i pascoli furono collocati più lontano dal villaggio, allorché i Comuni e i signori locali imposero alla collettività l'estensione delle colture.

Villanova, Rovereto, Carpineto, Saliceto, Querciano, Olevano, ecc. attestano con i loro nomi la nascita di villaggi e di più ampie coltivazioni, migliorate oltre che dal recupero di strumenti non più adoperati dall'età romana, dal diffondersi dell'uso del ferro nella utensileria rustica. L'aumento della produzione agricola andò a beneficio dei padroni ma anche dei contadini meglio nutriti e abitanti nel secondo millennio in case più comode e meglio riscaldate. Qui si inserisce allora il discorso dell'aumento demografico nel secolo XI (interrotto pesantemente nella seconda metà del '300 dalla peste che spopolò anche le campagne) e dell'allungamento della speranza di vita. Va poi aggiunto che i miglioramenti, uniti ai problemi della pressione demografica e alla sollecitazione delle risorse naturali, richiesero continui aumenti delle superfici da arare, da destinare a pascolo e a coltura e portarono con sé questioni di sovrappopolamento, di deficienze alimentari e di deterioramento dell'ambiente. Nella prima metà del '300 e alla fine del '400 si rese così necessario un eccessivo sfruttamento delle risorse naturali che in qualche misura mise in crisi l'ecosistema. Dal che si evince che le recenti scoperte dell'ecologia non possono farci ignorare che il deterioramento ambientale ebbe dimensione storica antica e che l'improvvido uso della campagna e la errata attuazione di pratiche di sovescio produssero pure nell'Italia medievale trasformazioni e conseguenze spesso negative.

25. *Sicilia*

Allorché i vandali costituirono un forte Stato nell'Africa del Nord, traversarono il braccio di mare che li separava dalla Sicilia e l'occuparono (V sec.). A riunirla alla penisola riuscì invece Odoacre e unita al continente essa rimase durante la dominazione gota (VI sec.). Poi, occupata dai bizantini dopo la *Prammatica sanzione* di Giustiniano (554), rimase in mani greche quale provincia imperiale con capitale Siracusa e il governo di uno stratega che oppresse quelle popolazioni economicamente e amministrativamente. Importante, nel 663, fu il trasferimento della capitale imperiale da Costantinopoli a Siracusa, operato da Costante II; ma, dopo pochi anni, l'uccisione dell'imperatore fece precipitare il capoluogo e l'isola in una condizione di violenza e di regresso, si moltiplicarono le rivolte antibizantine e quella di Eufemio (826) portò i musulmani alla conquista della Trinacria, che fu lunga e culminò nell'877-878 con la caduta di Siracusa, la presa di Malta nell'870 e la caduta di Taormina e di Rometta tra il 902 e il 975.

Mentre i bizantini offuscarono la vivacità dell'isola, gli arabi ne risvegliarono la gioia per le imprese ardimentose, lo spirito agricolo ed economico. Le vecchie città si ingrandirono e centri meno fiorenti come Palermo ricevettero un impulso che proiettò la Sicilia verso il Mediterraneo e l'Occidente. In particolare gli arabi si distinsero per la tolleranza. Ad esempio nella val Demone rimasta cristiana fu lasciata libertà di culto, talune città restarono indipendenti e fino al 970 furono teoricamente collegate a Costantinopoli. Le proprietà terriere subirono un radicale cambiamento: tolte ai latifondisti, vennero suddivise fra i conquistatori. Con lo sviluppo agricolo l'isola si arricchì più che nel passato, recente e remoto. La cultura arabo-siciliana ebbe quasi pari splendore della contemporanea rinascita africana. Furono coltivati studi letterari, filosofici, giuridico-economici e religiosi. Le città si abbellirono di monumenti e edifici. Dalla Calabria i normanni si lanciarono però alla conquista della Sicilia per la riscossa dell'Occidente cristiano contro l'Islam, culminata a fine XI secolo con le Crociate. Le operazioni di riconquista si iniziarono nel 1061 e terminarono nel 1127, allorché alla morte dei discendenti del Guiscardo, Ruggero II fece valere i suoi diritti sul ducato di Puglia. Nel 1130, con fastoso rito il re, nel duomo di Palermo, si proclamò *rex Siciliae* e nell'isola egli rinvenne l'energia che animò il nuovo Stato. Morto Ruggero, i successori Guglielmo I (1154-1166) e Guglielmo II (1172-1189) consolidarono le conquiste e riportarono successi nell'Oriente bizantino, nell'Adriatico orientale e in Egitto. Il Barbarossa si volse allora verso l'isola, concludendo un matrimonio tra suo figlio Enrico VI e Costanza d'Altavilla, destinato a unire alla corona imperiale quella siciliana. Ma Enrico venne a morte nel 1194. Tre anni dopo moriva la vedova Costanza e rimaneva erede Federico II, fanciullo di appena tre anni, affidato a papa Innocenzo III. Nonostante i molteplici possedimenti e le responsabilità impostegli dall'Impero, Federico ebbe sempre per la Sicilia grande interesse sia economico che culturale come mostrarono la fondazione di Augusta e la scuola poetica siciliana. La morte di Federico (1250) fu salutata con sollievo dalla Chiesa che voleva scindere la corona siciliana dall'imperiale e tuttavia i papi si trovarono contro Corrado IV e Manfredi (1258) il quale seguì i disegni politici del padre, tenne a bada la feudalità baronale e mitigò l'oppressione fiscale. Dopo la morte di Manfredi (1266) e quella di Corradino (1268) con il Mezzogiorno d'Italia la Sicilia passò agli Angioini. Carlo I si circondò di funzionari francesi esosi e oppressivi, aumentò le tasse e spostò la capitale da Palermo a Napoli, onde rendere più continentale il Regno. Agli scontenti baroni sembrò allora legittimo erede degli Svevi, Pietro di Aragona, consorte di Costanza, figlia di Manfredi a cui fu affidata l'isola. A Palermo scoppiò la rivolta del Vespro (1282) e la conseguente guerra dopo un ventennio consegnò con la pace di Caltabellotta (1302) la Sicilia a Federico III di Aragona, re di Trinacria, con l'intesa che alla sua morte essa sarebbe tornata agli Angioini. Ma in realtà quella terra rimase aragonese e costituì la punta dell'espansionismo iberico nel Mediterraneo. Roberto d'Angiò e Giovanna I tentarono, ma invano, di rientrarne in possesso. Nel 1372, persuasa da Gregorio XI, con il trattato di Catania, Giovanna liquidò quell'annoso problema abbandonando la Sicilia. Durante il suo regno Federico (1296-1337) riuscì a conservare alla corona decoro e autorità. I successori Pietro II (1337-1342), Luigi (1342-1354), Federico III (1355-1377), Maria (1377-1402), Martino I (1402-1409) e Martino II (1409-1410) si legarono alla feudalità e con il dominio del Baronaggio si accrebbero le ricchezze dei nobili, ma divennero penose le condizioni del popolo. Con Ferdinando il Cattolico, infine, cominciò la subordinazione degli interessi siciliani agli spagnoli. L'introduzione del Santo Uffizio e dell'Inquisizione (1482) aprirono per l'isola una nuova epoca di mortificazione.

CATANIA. Nonostante le dominazioni dei secoli V-XI, divenne centro notevole, di condizione meno prospera della siracusana ma non spregevole. Nel 1009 poi il conte Ruggero pose le basi del duomo e nel 1126 le reliquie di sant'Agata furono portate nella città da Costantinopoli, ove, nel secolo precedente le aveva trasferite Giorgio Maniace. Avversa agli Svevi essa fu punita da Enrico VI e da Federico II che vi costruì il castello Ursino. Antiangioina essa accolse gli Aragonesi che vi tennero il parlamento (1296) da cui uscì eletto re Federico d'Aragona.

MALTA. Subendo le stesse dominazioni della Sicilia, i musulmani la occuparono dall'870 al 1091, allorché con l'isola maggiore essa divenne normanna e Ruggero II la annetté al regno. Federico II ne espulse gli arabi, sostituiti con una colonia abruzzese proveniente da Celano, distrutta dopo la rivolta antisveva. Con gli Aragonesi ebbe leggi siciliane e preminenza baronale. Fra il XIV e il XV secolo conobbe ordinamenti amministrativi comunali, presieduti dal *Capitano di Verga*. Amministratore delle gabelle e delle rendite erariali fu il *Segreto*. Il portulano, il credenziere, il massaro e il doganiere furono tra i funzionari interessati allo sviluppo maltese fino al '500 connesso al siciliano.

MESSINA. Passato il calvario della dominazione vandala, gota, bizantina e araba, la città presa dai normanni nel 1038, costituì la testa di ponte della penetrazione occidentale nell'isola arabizzata. A Federico II che la privò del diritto di eleggere lo stratigoto, essa si ribellò per instaurare poi un vero e proprio ordinamento comunale in opposizione a Corrado IV e a Pietro Ruffo. Ma l'istituzione ebbe vita breve e Manfredi la riconquistò (1258). Fedele agli Angioini, Messina aderì più tardi al Vespro, ma resistette con furore sotto la guida di Alaimo da Lentini a Carlo d'Angiò e la leggenda esaltò l'intervento divino a favore degli assediati e il coraggio delle messinesi, Dina e Clarenza, ritratte scarmigliate e intente a portare «pietre e calcina», per difendere l'abitato dagli assalitori. Con Pietro III d'Aragona il 2 ottobre 1282 ebbe inizio una dominazione aragonese interrottasi solo per 10 anni fra il 1356 e il 1366.

PALERMO. Dominata da Genserico, Odoacre, Teoderico, nel 535 Belisario la dette a Bisanzio e nell'831 gli arabi ne fecero la capitale dell'emirato arabo di Sicilia. Un importante periodo si inaugurò allora per la città che assunse l'aspetto di metropoli popolosa, attiva e mirabile per le sue opere d'arte. Nel 1072 passò a Ruggero I e Ruggero II vi cinse la corona reale (Natale 1130). Ebbe strade e palazzi meravigliosi, chiese sontuose, giardini lussureggianti, un forte impianto portuale e fu fiorente di traffici per la coltivazione del cotone, la produzione della carta, dei datteri, della canna da zucchero e dell'indaco. Sede di scuole e di artisti, di filosofi, matematici, scienziati e medici, unì il meglio delle esperienze culturali arabe, greche e occidentali. Gli Angioini ne interruppero il progresso, irreversibilmente compromesso sia da quella dominazione sia dalla aragonese. Dopo la «mala signoria» di Carlo I essa dunque non si riprese più e anche gli Aragonesi che ne fecero il centro della loro burocrazia non ne migliorarono l'economia. In seguito Palermo, burocratizzata e cortigiana, priva di traffici, visse a spese delle province.

SIRACUSA. Conquistata dai vandali, da Odoacre e dai goti, fu poi occupata da Belisario (535) e dai bizantini. Capitale dell'Impero greco dal 663 al 668, fu capoluogo della Sicilia. Fatta segno di attacchi musulmani capitolò nell'878 e nel 1085 fu ripresa dai normanni che vi stabilirono il vescovo. Federico II la predilesse mentre fu malvista da Carlo d'Angiò e aderì con trasporto a Pietro d'Aragona, parteggiando per Federico di Trinacria in lotta con Roberto d'Angiò. Federico le dette le definitive consuetudini cittadine (1318), concedendola alla regina Eleonora che ne fece il capoluogo della Camera reginale; ma il nuovo assetto non le offrì il modo di riconquistare la vecchia condizione di capitale ed essa rimase, pertanto, un nobile centro decaduto, memore di un retaggio perduto e non più recuperato.

26. *Congedo*

Ancora una volta, nel concludere, mi accorgo di non essere riuscito pienamente a rappresentare, come avrei voluto, la vicenda medievale della penisola, delle isole e dei suoi abitanti. Tuttavia spero che siano almeno emersi taluni aspetti della vita di quei dieci secoli in cui l'Italia fu una sorta di *microcosmo*, dove si manifestarono eventi in gran parte simili a quelli delle altre zone del continente, regolati dallo sviluppo della Chiesa, delle istituzioni giuridiche, di quelle amministrative e politiche, della lingua e della cultura.

Inoltre si costituì allora un grande Regno unitario come quello di Sicilia, fiorirono Stati signorili e Principati, mentre i Comuni crebbero e lottarono fra loro, evidenziando un'inarrestabile vitalità e un'influenza ripercossasi anche in luoghi assai lontani da quelli ove sorsero: Genova arrivò fino a Nizza, Milano e Venezia sino alla Svizzera, all'Alto Adige, al Norico, alla Dalmazia, alle isole adriatiche, al Dodecanneso e sino al mar Nero e d'Azov; Pisa e Genova si spinsero sino alla Corsica, il Regno di Sicilia sino all'Albania, all'Epiro e a Malta. Si accese così un vero fuoco pirotecnico di attitudini, talenti, propensioni, al cui concludersi apparvero evidenti pregi e difetti degli italiani: tra i primi l'inventiva, la capacità di lavoro, il coraggio; tra i secondi la furbizia, la discontinuità e l'eccessivo individualismo. Ma soprattutto apparve evidente la sorte, in prospettiva, unitaria della penisola.

Tra la fine del '400 e l'inizio del '500, con la perdita dell'indipendenza e l'ingresso di francesi e spagnoli, si spensero aspettative ed entusiasmi, mentre si generò un periodo di apparente, secolare sonno, al cui termine, assai più concentrata rispetto alle manifestazioni medievali, si sarebbe avviata la nostra vicenda nazionale, certo incomprensibile se non si tenesse presente il precedente, complesso millennio dell'età di mezzo, estremamente significativo per l'individuazione di problemi più tardi gestiti e risolti.

Cronologia

312. Trionfo di Costantino a Ponte Milvio (Roma).
410. Alarico saccheggia Roma.
455. Genserico saccheggia Roma.
489-493. Teodorico conquista l'Italia.
529 (?). Fondazione di Montecassino.
535-553. Guerra greco-gotica.
554. Prammatica Sanzione di Giustiniano.
568. I longobardi invadono l'Italia.
590-604. Pontificato di Gregorio Magno.
636-652. Regno di Rotari.
710-752. Incursioni saracene in Sardegna.
726. Fondazione della Novalesa.
733. Fondazione di Nonantola.
749-756. I longobardi combattono il papato.
774. Fine del regno longobardo.
800. Incoronazione di Carlo Magno a Roma.
812. I saraceni attaccano Ponza e Ischia.
813. Distruzione di Centocelle (Civitavecchia).
827-829. I musulmani sbarcano in Sicilia.
834-835. Spedizioni saracene contro Genova e la Sicilia.
840. I saraceni attaccano Taranto.
841. I saraceni attaccano Capua.
847. I saraceni attaccano Bari.
883. I saraceni distruggono Montecassino.
888. Berengario I re d'Italia.
891. Guido di Spoleto re d'Italia e imperatore.
899. Incursioni ungariche in Italia.
915. Giovanni X sconfigge i saraceni sul Garigliano.
922. Gli ungheri in Puglia.
924. Gli ungheri a Pavia.
927. Gli ungheri in Toscana e Sardegna.
932-954. Alberico II principe dei Romani.
942. Gli ungheri nel Mezzogiorno.
983-1002. Ottone III in Roma attua la *Renovatio*.
1002-1015. Arduino d'Ivrea re d'Italia.
1053. I normanni sconfiggono Leone IX a Civitate.
1059. Decreto di Niccolò II per l'elezione pontificia.
1073-1085. Pontificato di Gregorio VII, lotta per le investiture.
1081. Pisa diventa Comune.
1093. Pavia diventa Comune.
1095. Asti diventa Comune.
1097. Milano diventa Comune.
1105. Pistoia e Ferrara diventano Comuni.
1112. Cremona diventa Comune.
1115. Lucca diventa Comune.
1117. Bergamo diventa Comune.
1135. Modena diventa Comune.
1136. Verona diventa Comune.
1144. Rinnovamento del Senato e nascita del Comune romano.

1155. Federico Barbarossa re d'Italia e imperatore.
1162. Il Barbarossa distrugge Milano.
1176. Battaglia di Legnano.
1177. Pace di Venezia.
1186. Enrico VI sposa Costanza d'Altavilla.
1194. Nasce Federico II di Svevia.
1212. Federico II re di Sicilia.
1220. Federico II imperatore.
1226. Morte di S. Francesco.
1230. Pace di Ceprano tra Federico II e Gregorio IX.
1231. Costituzioni di Melfi.
1237. Federico II batte i Comuni a Cortenuova.
1239. Seconda scomunica di Federico II.
1240. Federico II sconfitto a Parma.
1245. Terza scomunica e deposizione di Federico II.
1250. Morte di Federico II.
1258. Manfredi re di Sicilia.
1260. Battaglia di Montaperti.
1266. Carlo I d'Angiò vince a Benevento. Morte di Manfredi.
1268. Discesa e morte di Corradino. Battaglia di Tagliacozzo.
1282. Il Vespro in Sicilia.
1284. Battaglia della Meloria.
1285-1309. Carlo II d'Angiò re di Napoli.
1289. Battaglia di Campaldino.
1293. Ordinamenti di Giano della Bella a Firenze.
1297. Serrata del Maggior Consiglio a Venezia.
1300. I Giubileo di Bonifacio VIII.
1302. Pace di Caltabellotta.
1302-1337. Regno di Federico III di Sicilia.
1309-1343. Regno di Roberto d'Angiò.
1317. Inizio della signoria Estense a Ferrara.
1320. I Carraresi signori di Padova.
1323. Gli Aragonesi in Sardegna.
1325. Castruccio Castracani batte Firenze ad Altopascio.
1334. I Malatesta a Rimini.
1339. Elezione del doge genovese Simon Boccanegra.
1342. Signoria del duca d'Atene a Firenze.
1343-1381. Giovanna I regina di Napoli.
1347-1354. Cola di Rienzo a Roma.
1353-1367. Egidio Albornoz restaura il potere pontificio nella penisola.
1372. Pace di Catania. La Sicilia resta aragonese.
1375-1378. Guerra degli Otto santi a Firenze.
1377-1378. Tornano i papi a Roma, comincia lo Scisma.
1378. Tumulto dei Ciompi a Firenze.
1378-1381. Guerra di Chioggia e pace di Torino.
1386-1414. Ladislao re di Napoli.
1395. Gian Galeazzo Visconti duca di Milano.
1414-1435. Giovanna II regina di Napoli.
1416. Amedeo VIII duca di Savoia.
1427. Battaglia di Maclodio.
1433. Pace di Ferrara, dominio di terraferma di Venezia.
1442-1458. Alfonso I d'Aragona re di Napoli.
1450. Francesco Sforza duca di Milano.
1454. Pace di Lodi.
1458-1494. Ferrante d'Aragona re di Napoli.
1478. Congiura dei Pazzi. Il Magnifico, signore di Firenze.
1482-1484. Guerra di Ferrara tra Venezia ed Estensi.
1495. Carlo VIII conquista il Regno di Napoli.
1495-1496. Battaglia di Fornovo. Carlo VIII torna in Francia. Il Savonarola a Firenze.
1498. Caduta e morte del Savonarola.
1499. Luigi XII conquista il ducato di Milano.
1503. Disfida di Barletta.
1504. Gli spagnoli conquistano il Regno di Napoli.

Bibliografia essenziale

Storia generale

G. ROMANO - A. SOLMI, *Le dominazioni barbariche (395-888)*, Milano, coll. Vallardi, 1940; G. FASOLI, *I re d'Italia*, Firenze, 1949; E. GARIN, *L'umanesimo italiano*, Bari, La Terza, 1952; C.G. MOR, *L'eta feudale*, 2 voll., Milano, coll. Vallardi, 1952; G. VOLPE, *Il Medio Evo italiano*, Firenze, Sansoni, 1961; G. FALCO, *La santa Romana repubblica*, Napoli, 1963; F. CALASSO, *Medio Evo del Diritto*, Milano, Giuffrè, 1964; O. CAPITANI, «Esiste un'età gregoriana?», *Riv. Storia e Letteratura Religiosa*, I, 3 (1965); E. SESTAN, *Italia medievale*, ESI, Napoli, 1967; M. BLOCH, *Lavoro e tecnica nel Medioevo*, Bari, Laterza, 1972; C. FROVA, *Istruzione e educazione nel Medioevo*, Torino, 1974; G. ARNALDI, *Le origini dell'Università*, Bologna, 1974; E. DUPRÉ-THESEIDER, *Mondo cittadino e movimenti ereticali nel Medioevo*, Bologna, 1978; R. MORGHEN, *Medioevo Cristiano*, Roma - Bari, 1978; P. DELOGU, «Il regno Longobardo», in *Storia d'Italia*, Torino, UTET, 1980; AA.VV., *Le città in Italia e in Germania nel Medioevo: cultura, istituzioni e vita religiosa*, Bologna, 1981; AA.VV., «Comuni e Signorie: istituzioni, società, lotte per l'egemonia», in *Storia d'Italia*, Torino, UTET, 1981; M. BELLOMO, *Società e istituzioni in Italia dal M. E. agli inizi dell'età moderna*, Catania, 1982; B. ANDREOLLI, *Uomini nel Medioevo*, Bologna, 1983; S. TRAMONTANA, «La monarchia normanna e sveva», in *Storia d'Italia*, UTET, Torino, 1983; V. FUMAGALLI, *Città e campagna nell'Italia medievale*, Bologna, 1985; K. BOSL, *Il risveglio dell'Europa: l'Italia dei Comuni*, Bologna, 1985; F. CARDINI, *Il Barbarossa, vita, trionfi e illusioni di Federico I imperatore*, Milano, 1985; G. CHITTOLINI, «Signorie rurali e feudi alla fine del Medioevo», in *Storia d'Italia*, UTET, Torino, 1986; S. MAZZARINO, *L'Impero romano*, 2 voll., Bari, 1986; V. FUMAGALLI, «Il regno italico», in *Storia d'Italia*, Torino, UTET, 1986; G. SERGI, «L'Italia carolingia e la sua dissoluzione», in *La storia*, dir. da N. Tranfaglia, II, Torino, 1986; O. CAPITANI, *Storia dell'Italia medievale*, Bari, Laterza, 1986 (IV ed. 1994); R. COMBA, «Rivolte e ribellioni fra Tre e Quattrocento», in *Storia d'Italia*, Torino, UTET, 1986; D. ABULAFIA, *Federico II*, Torino, Einaudi, 1988; G. TABACCO - G.G. MERLO, *Medioevo*, Bologna, Il Mulino, 1989; G. TABACCO, *Egemonie sociali e strutture del potere nel medioevo italiano*, Torino, Einaudi, 1991; L. GATTO, *Il Medioevo*, Roma, Newton Compton, 1994; L. GATTO, *Le Crociate*, Roma, Newton Compton, 1994.

Storia cittadina

Piemonte. R. COMBA, *Per una storia economica del Piemonte medievale*, Torino, 1984; A.M. NADA PATRONE, *Il Medioevo in Piemonte, potere, società e cultura materiale*, Torino, UTET, 1986.

Liguria. AA.VV., *Storia di Genova dalle origini al tempo nostro*, Milano, 1941; G. PETTI-BALBI, *Genova e Corsica nel Trecento*, Roma, 1976; G. AIRALDI, *Genova e la Liguria nel Medioevo*, Torino, UTET, 1986.

Lombardia. AA.VV., *Storia di Milano*, Fondazione Treccani, Milano, 1954; C. VIOLANTE, *La società milanese nell'età precomunale*, Laterza, Roma - Bari, 1984; AA.VV., *Gli Sforza a Milano e in Lombardia (1450-1535)*, Milano, 1983.

Le tre Venezie. F. SIMEONI, *La formazione della Signoria Scaligera*, Atti Acc. Agr. Sc. Lett., Verona, 1926; G. PRAGA, *Storia di Dalmazia*, Padova, 1954; R. CESSI, *Storia di Venezia*, 2 voll., Venezia, 1958; G. COZZI, *Storia della repubblica di Venezia*, Torino, UTET, 1986; *La regione del Trentino Altoadige nel Medioevo*, Atti Congr. Acc. Roveretana, 1985-1986; G. CRACCO, *Venezia nel Medioevo (sec. XI-XIV) un altro mondo*, Torino, UTET, 1986; P. CAMMAROSANO - F. DE VITT - D. DE GRASSI, *Il Medioevo (Storia della civiltà friulana)*, Travagnacco, 1988; M. PAVAN, *Dall'Adriatico al Danubio*, Padova, 1991.

Emilia - Romagna. G. ROSSI, *Bologna nella storia, nell'arte e nel costume*, voll. 3, Bologna, 1925; V. FUMAGALLI, *Le origini di una grande dinastia feudale, Adalberto Atto di Canossa*, Tubingen, 1971; A. VASINA, *Lineamenti culturali dell'Emilia-Romagna*, Ravenna, 1978.

Toscana. R. DAVIDSON, *Storia di Firenze*, Firenze, Sansoni, 1956; G. VOLPE, *Toscana medievale*, Firenze, 1964; A. TENENTI, *Firenze dal Comune a Lorenzo il Magnifico (1350-1494)*, Milano, Mursia, 1972; *Lucca e Tuscia nell'alto M. E.*, V Congr. Int. di Spoleto, 1973.

Marche - Umbria. D. WALEY, *Mediaeval Orvieto*, Cambridge, University Press., 1952; P.M. CONTI, *Il Ducato di Spoleto e la storia istituzionale dei Longobardi*, Spoleto, 1982; AA.VV., *Istituzioni e società nell'Altomedioevo marchigiano*, 3 voll., Ancona, 1983-1985; *Ascoli Piceno: una città fra la Marca e il mondo (Ascoli 1987)* ivi 1988.

Lazio e Roma. O. BERTOLINI, *Roma di fronte a Bisanzio e ai Longobardi*, Bologna, 1941; P. BREZZI, *Roma e l'Impero medievale*, Bologna, 1947; E. DUPRÉ-THESEIDER, *Roma dal Comune di popolo alla Signoria pontificia*, Bologna, 1952; P. TOUBERT, *Les structures du Latium médiéval*, 2 voll., Roma, 1973; G. ARNALDI, *Le origini dello Stato della Chiesa*, Torino, UTET, 1987; F. GREGOROVIUS, *Storia della città di Roma nel Medioevo*, Roma, 1983.

Abruzzo e Molise. L. GATTO, *Momenti di storia del Medioevo abruzzese (persone e problemi)*, L'Aquila, 1986; S. BOESCH - GAJANO - M.R. BERARDI, *Civiltà medievale negli Abruzzi*, 2 voll., L'Aquila, 1990-1992.

Campania. N. CILENTO, *Le origini della Signoria capuana*, Roma, 1966; N. CILENTO, *Italia meridionale longobarda*, Milano-Napoli, Ricciardi, 1971; M. DEL TREPPO - A. LEONE, *Amalfi medievale*, Napoli, 1978; S. GASPARRI, *I duchi longobardi*, Roma, 1978; G. GALASSO, *Il regno di Napoli. Il Mezzogiorno angioino e aragonese (1266-1494)*, Torino, UTET, 1992.

Puglia. G. GAY, *L'Italia meridionale e l'Impero bizantino*, Firenze, 1917; G. MUSCA, *L'emirato di Bari (840-871)*, Bari, 1978.

Lucania e Calabria. E. PONTIERI, *Tra i Normanni dell'Italia meridionale*, Napoli, 1948; G. FIORE, *Della Calabria illustrata*, t. II, Bologna, 1974; C. BRASACCHIO, *Storia economica della Calabria*, vol. II, Chiaravalle Centrale, 1977; T. PEDIO, *La Basilicata dalla caduta dell'Impero Romano agli Angioini*, 1987.

Sicilia. *Storia della Sicilia*, vol. III, Napoli, 1980 (contr. di L. Cracco Ruggini, U. Rizzitano, S. Tramontana, F. Giunta, V. D'Alessandro, S. Fodale, ecc.); V. D'ALESSANDRO, *Mezzogiorno dagli Angioini agli Aragonesi*, Torino, UTET, 1986; AA.VV., *Nel segno di Federico II, Unità politica e pluralità culturale nel Mezzogiorno*, Napoli, 1989; L. GATTO, *Sicilia medievale*, Roma, Newton Compton, 1992.

Sardegna. A. BOSCOLO, *La Sardegna dei Giudicati*, Cagliari 1979; J. DAY, *La Sardegna sotto la dominazione Pisana, XI-XIV secolo*, Torino, UTET, 1987; G. MELONI, *Mediterraneo e Sardegna nel Basso Medioevo*, Cagliari, 1988; F.C. CASULA, *La storia di Sardegna*, Sassari-Pisa, Delfino ed. ETS, 1992.

Corsica. Benché datate, ancor vigorose restano le pagine di G. VOLPE, *Corsica*, Firenze 1927 e quelle di A. SOLMI, «La Corsica», in *Archivio Storico di Corsica*, 1925.